KB272982

나는 왜

함께 있어도
외로울까

나는 왜
함께 있어도 외로울까

펴낸날 초판 1쇄 2026년 2월 27일

지은이 황규진

펴낸이 강진수
편 집 김은숙, 김우연
디자인 이재원

인 쇄 (주)사피엔스컬쳐

펴낸곳 (주)북스고 **출판등록** 제2024-000055호 2024년 7월 17일
주 소 서울시 서대문구 서소문로 27, 2층 214호
전 화 (02) 6403-0042 **팩 스** (02) 6499-1053

ⓒ 황규진 2026

ISBN 979-11-6760-124-7 03180

책 출간을 원하시는 분은 이메일 booksgo@naver.com로 간단한 개요와 취지, 연락처 등을 보내주세요.
Booksgo는 건강하고 행복한 삶을 위한 가치 있는 콘텐츠를 만듭니다.

나는 왜 ___ 함께 있어도 외로울까

황규진 지음

건강하지 않은 사랑의 신호
관계에 휘둘리는 당신에게

당신은 지금
누구와 사랑하고 있나요

내가 지금 사랑하고 있는 사람은 과연 누구일까.

이 질문을 마주했을 때, 머릿속에 한 사람의 얼굴이 떠오를 것이다. 주변 사람들이 하나같이 부러워하는, 세상이 인정한 완벽한 연인의 모습 말이다. 그는 어머니께 끔찍이 효도하는 착한 아들이고, 회사에서는 누구보다 신뢰받는 성실한 동료다. 친구들 사이에서는 궂은일을 도맡아 하는 든든한 조언자이며, 식당에서 종업원에게 "고맙습니다"라는 사소한 인사조차 빼먹지 않는, 그야말로 예의 바른 청년이다.

기억을 조금 더 거슬러 올라가 보자. 시작은 마치 잘 짜인 로맨스 영화의 시작처럼 완벽했다. 다른 사람들과 달리, 대화할 때 그는 휴대폰을 뒤집어 두고 몸을 당신 쪽으로 기울이며 고개를 깊게 끄덕였다. 데이트 약속을 잡을 때도 늘 시간을 먼저 물었고, 당신이 스치듯 말했던 음식 취향을 기억해 두었다가 근사한 식당을 예약하곤 했다. "밥은 먹었어?", "집에는 잘 들어갔어?"라는 그의 다정한 안부는 팍팍한 일상의 빈틈을 설렘으로 채우기에 충분했다.

"나중에 우리 결혼하면 어떤 집에서 살까?", "아이들은 몇 명이나 낳고 싶어?" 같은 미래를 그리는 대화 속에서 당신은 확신했을 것이다.

'드디어 찾았다. 바로 이 사람이구나.'

그때는 정말 행복했다. 그의 메시지 알람만 들려도 심장이 요동쳤고, 데이트 전날 밤엔 어떤 옷을 입을지 고민하느라 뜬 눈으로 밤을 지새웠다. 친구들에게 그에 대해 이야기할 때면 당신의 입가엔 숨길 수 없는 미소가 번졌고, 친구들은 "그런 남자 또 없다", "너 정말 복받았다"라며 부러움 섞인 탄성을 내뱉곤 했다. 하지만 시간이 흐르면서, 그 완벽한 그림 위에 설명할 수 없는 미묘한 얼룩이 지기 시작했다.

처음에는 아주 작은 균열이었다. 한창 분위기가 무르익은 데이트 도중 걸려 온 어머니의 전화 한 통에 대화는 뚝뚝 끊겼고, 그는 당신을 앞에 둔 채 어린아이처럼 어머니에게 하루 일과를 보고했다. 당신과 함께 공들여 세운 주말 계획은 "엄마가 좀 편찮으시다네", "엄마랑 장 보러 가기로 해서"라는 한마디에 너무나 쉽게, 그리고 당연하게 변경되었다.

처음엔 그저 그가 효자라서 그러려니 했다. 가족을 아끼는 마음이 깊은 사람이니 내게도 잘할 것이라 믿으며 이해하려 했다. 하지만 당신이 정말로 힘들고 지칠 때, 정작 그에게서 돌아오는 반응은 기이할 정도로 건조했다. 직장 상사 때문에 속상해하는 당신에게 그는 공감 대신 "네가 너무 예민하게 받아들이는 거 아니야?"라는 차가운 분석을 내놓거나, "엄마는 더 힘든 일도 다 참으셨어"라며 엉뚱한 비교를 하기도 했다.

물리적으로는 손을 잡으며 걷고 있지만, 정서적으로는 보이지 않는 두꺼운 유리 벽 너머에 있는 듯한 기분. 그의 우선순위 목록에서 당신은 어머니, 친구, 회사 동료, 심지어는 남들의 시선보다도 자꾸만 뒤로 밀려났다.

그때부터였을 것이다. 당신의 마음속에 의심이라는 씨앗이 싹트기 시작한 것이. 하지만 당신이 의심한 대상은 그가 아니었다. 바로 당신 자신이었다.

'내가 너무 예민한 건 아닐까?'

'남들은 다 좋은 사람이라고 하는데, 내가 너무 많은 걸 바라는 걸까?'

'사랑한다면 이 정도는 이해해 줘야 하는 게 아닐까?'

이전에 펴낸 책 《운명이라는 착각(북스고, 2025)》에서 나는 관계를 병들게 하는 해로운 심리 유형들에 대해 이야기한 바 있다. 그때 수많은 독자가 나르시시스트의 명백한 폭력성과 기만, 화려한 가면 뒤에 숨겨진 악의에 대해 공감하며 아픔을 토로했다. 하지만 지금 우리가 마주한 이 남자는 그때 다루었던, 자신을 과시하고 타인을 노골적으로 깔아뭉개는 '뻔한 나르시시스트'들과는 결이 다르다.

그는 너무나 조용하고, 겸손하며, 헌신적이다. 그래서 더 위험하다. 겉보기엔 나무랄 데 없는 남자니까. 남들도 다 부러워하는 '1등 신랑감'이니까. 그래서 당신은 외로움이 찾아와도 '사랑이 원래 이런 거겠지'라며 스스로를 다독였고, 서운함이 목구멍까지 차올라도 '사람마다 표현 방식이 다른 거니까'라며 감정을 꾹꾹 눌러 삼켰을 것이다. 당신은 그가 원하는 '이해심 많은 여자친구', 그의 어머니가 흡족해할 '참한 며느릿감', 그의 친구들이 부러워할 '센스 있는 연인'을 연기하느라 서서히 지쳐 가고 있었다.

하지만 억압된 감정은 결코 사라지지 않는다. 출구를 찾지 못한 감정들은 마음 깊은 곳에 앙금처럼 가라앉아 썩어 가고 있었다. 그의 기준에 맞추려 애쓰는 동안, 정작 당신이 원래 가지고 있던 고유한 목소리는 점점 작아졌다. 웃음이 줄었고, 눈치는 늘었다. 무엇보다 견디기 힘든 것은, 둘이 함께 있는데도 혼자 있을 때보다 더 사무치게 외롭다는 사실이었다.

어느 잠 못 드는 밤, 천장을 바라보며 당신은 문득 깨달았을 지도 모른다. 지금 이 관계에서 당신이 사랑하고 있는 것은 그 사람의 실체가 아닐지도 모른다고. 당신은 그가 보여 주었던 찰나의 다정함, 그와 함께 있을 때만 잠시 허락되는 '이상적인 우리'의 모습, 그리고 언젠가는 그가 변할 것이라는 희미한 가능성을 사랑하고 있었던 것일지도 모른다고.

이 책은 당신에게 섣불리 "그 사람은 나쁜 사람이니 당장 헤어져라"라고 조언하지 않는다. 관계라는 것은 흑백 논리로 나눌 수 없을 만큼 복잡하고, 당신이 그동안 쏟아 온 시간과 마음의 깊이는 타인이 함부로 재단할 수 없기 때문이다. 또한, 그를 무조건적인 악인으로 몰아세우며 당신의 분노를 부추기지도 않을 것이다. 분노는 일시적인 진통제가 될 수는 있어도, 근본적인 치유책은 될 수 없다.

대신 이 책은 하나의 정직한 거울이 되고자 한다. 당신이 그동안 "내가 예민해서 그래"라며 애써 외면해 왔던 혼란스러운 감정들의 진짜 이름을 찾아 주고, 관계라는 미로 속에서 희미해져 버린 당신을 다시 찾을 수 있도록 돕는 나침반이 되려 한다.

우리가 앞으로 함께 살펴볼 '내현적 나르시시즘'은 매우 은밀하고 교묘한 형태의 심리적 기제다. 그들은 겉으로는 세상에서 가장 이타적이고 겸손해 보이지만, 내면에는 깊은 결핍과 공허함을 숨기고 있다. 어머니의 인정 없이는 자신의 가치를 느끼지 못하는 의존성, 타인의 시선에 대한 병적인 집착, 그리고 가장 가까운 사람인 연인에게조차 진정한 공감을 내주지 못하는 정서적 장애. 이 모든 것은 당신의 부족함 때문이 아니라, 그가 오랫동안 앓아 온 마음의 병에서 비롯된 증상들이다.

책의 모든 내용이 당신의 상황과 100% 일치하지 않을 수도 있다. 인간의 마음은 어떤 심리학 이론보다도 복잡하고 개별적이니까. 하지만 페이지를 넘기다 보면, 당신의 무릎을 치게 만드는 순간들을 반드시 만나게 될 것이다. "어? 이거 내 이야기인데?", "내가 느꼈던 기분이 바로 이거였어!"라고 외치고 싶은 순간들 말이다.

그때 당신은 알게 될 것이다. 당신이 느꼈던 그 이상한 감각들, 설명할 수 없었던 외로움들, 말로 표현하기 어려웠던 답답함은 모두 타당했다는 것을. 그것은 당신의 예민함이 만들어 낸 환상이 아니라, 당신의 영혼이 "무언가 잘못되었다"라고 보내는 간절한 구조 신호였다는 것을. 당신이 예민한 게 아니다. 당신이 이기적인 것도 아니다. 단지 건강한 관계라면 응당 있어야 할 서로에 대한 진정한 존중과 깊은 정서적 교감이 그곳에 부재했을 뿐이다.

이제, 당신이 사랑이라고 굳게 믿었던 그 관계의 실체를, 그리고 그 안에서 길을 잃고 헤매던 당신을 다시 만나는 여정을 시작하려 한다. 그 과정은 때로 아플 수도 있다. 인정하고 싶지 않은 진실과 마주해야 할 수도 있고, 덮어 두었던 상처를 다시 꺼내 보아야 할 수도 있다. 하지만 상처를 직면하는 것만이 치유로 가는 유일한 길이며, 진실을 마주하는 것만이 당신을 진정한 자유로 이끌어 줄 것이다.

흩어진 마음의 조각들을 하나씩 주워 모아 누구의 연인도 아닌 온전한 당신으로 다시 태어나는 그 순간까지. 이 책이 당신의 곁을 묵묵히 지킬 것이다. 자, 이제 그 첫 번째 문을 함께 열어 보자.

황규진

목차

Part 1 **완벽한 연인의 서늘함**

당신이 느꼈던 그 서늘함의 정체는 무엇이었을까. 분명한 잘못도, 큰 다툼도 없었는데 왜 마음 한구석이 늘 허전했을까. 함께 웃고 떠들며 저녁을 먹고 돌아오는 길에, 나란히 소파에 앉아 텔레비전을 보는 평화로운 주말 오후에, 문득 찾아오는 그 텅 빈 느낌은 무엇이었을까.

이번 파트에서는 그 막연한 불편함의 실체를 하나씩 들여다본다. 당신의 힘든 하루에 공감 대신 분석을 내놓던 그의 건조한 반응, 결정적인 순간마다 당신이 아닌 어머니를 향하던 그의 시선, 그리고 "네가 너무 예민한 거 아니야?"라는 말 한마디로 스스로를 의심하게 만들었던 순간들. 우리는 이 서늘한 순간들을 하나씩 짚어 가며, 당신의 느낌이 틀리지 않았음을 확인할 것이다.

완벽한 연인의
서늘함

나만 애쓰는 연애
나만 안달 난 관계

　연애는 흔히 이인삼각 경기에 비유되곤 한다. 두 사람이 호흡을 맞춰 같은 속도로, 같은 방향을 향해 발을 내디뎌야 비로소 앞으로 나아갈 수 있기 때문이다. 하지만 지금 당신이 느끼는 감각은 그와는 사뭇 다를 것이다. 옆에 있는 파트너와 발을 묶고 달리는 것이 아니라, 축 늘어진 짐짝을 등에 업고 홀로 모래사장 위를 달리는 듯한 기분. 분명히 두 사람이 함께하고 있는데, 숨이 차오르고 다리가 후들거리는 건 오직 당신뿐이다.

　처음에는 그를 위해 무언가를 한다는 것 자체가 기쁨이었다. 그가 좋아할 만한 영화를 예매하고, 그의 입맛에 맞는 식당을 검색하는 시간은 설렘으로 가득 차 있었다. 당신의 작은 노력에 그가 미소 지을 때, 사랑이 깊어지고 있다고 믿었다. 하지만 시간이 흐르면서 그 설렘은 점차 무겁고 끈적한 책임감으로 변질되어 갔다. 어느 순간부터 관계를 유지하고 굴러가게 만드는 모든 동력이 오직 당신에게서만 나오고 있다는 사실을 깨달았기 때문이다.

관계의 유일한 관리자

주말 데이트를 떠올려 보자. "이번 주말에 뭐 할까?"라고 묻는 것은 늘 당신이다. 그는 "글쎄, 뭐 좋은 거 있어?"라거나 "당신 하고 싶은 거 하자"라고 대답하며, 마치 관대한 배려를 베푸는 듯한 표정을 짓는다. 얼핏 보면 당신의 의사를 존중해 주는 다정한 말처럼 들린다. 하지만 그 이면에는 '나는 아무런 계획도, 의지도 없으니 네가 알아서 하라'는 책임 회피가 숨어 있다.

당신이 고심 끝에 데이트 코스를 짜고, 예약하고, 동선을 확인하는 동안 그는 무엇을 하는가. 그는 그저 당신이 차려 놓은 밥상에 숟가락을 얹을 뿐이다. 물론 그는 당신의 노력에 대해 불평하지 않는다. 오히려 "좋다", "맛있다"라며 긍정적인 반응을 보일 수도 있다. 문제는 바로 여기에 있다. 그는 이 관계의 참여자가 아니라, 당신이 제공하는 서비스를 즐기는 소비자의 위치에 머물러 있다는 점이다.

이러한 불균형은 데이트 계획 같은 눈에 보이는 영역에만 국한되지 않는다. 더 심각한 것은 보이지 않는 정서적 영역에서의 노동이다.

카페에 마주 앉아 잠시 침묵이 흐를 때를 생각해 보라. 그 어색한 공기를 견디지 못하고 새로운 화제를 꺼내는 자는 누구인가? "오늘 뉴스 봤어?"라며 대화의 물꼬를 트는 것도, 그의 직장 상사 욕을 들어 주며 "정말 힘들었겠다"라고 맞장구쳐 주는 것도, 심지어 그가 무심코 내뱉은 말에 상처받았으면서도 분위기를 망치지 않으려 먼저 웃어넘기는 것도 모두 당신이다.

마치 집안일처럼, 관계에도 누군가는 반드시 해야 하지만 하고 나서도 티가 나지 않는 '그림자 노동'이 존재한다. 서로의 기분을 살피고, 대화의 흐름을 이어 가고, 갈등의 불씨를 미리 끄는 일들이다. 건강한 연인들은 이 노동을 자연스럽게 분담한다. 하지만 당신과의 관계에서 이 모든 정서적 노동은 오로지 당신의 몫이다. 당신의 머릿속이 두 사람의 관계를 위한 수많은 시뮬레이션으로 과부하가 걸려 있을 때, 그의 머릿속은 놀라울 정도로 평온하고 단순하다. 그는 그저 당신이 만들어 놓은 편안한 분위기에 안착해 쉴 뿐이다.

감정의 핑퐁 게임 혹은 벽치기

대화는 탁구와 같다. 공을 치면 상대가 받아 쳐야 하고, 그 과정에서 리듬과 랠리가 형성된다. 하지만 그와의 대화는 종종 벽을 보고 공을 치는 듯한 느낌을 준다. 당신이 공을 던지면, 그는 그것을 받아 치지 않고 바닥에 떨어뜨리거나, 기껏해야 힘없이 툭 건드려 당신 발밑에 굴러오게 할 뿐이다.

당신이 오늘 있었던 속상한 일에 관해 이야기할 때, 그는 "그랬구나"라는 짧은 대답 뒤에 침묵한다. 당신이 원하는 건 해결책이 아니라 "저런, 마음이 많이 상했겠다. 그 사람이 잘못했네"라는 공감과 위로의 랠리다. 하지만 그는 당신의 감정을 이어받아 확장할 줄 모른다. 그의 대답은 대화의 마침표와 같아서, 당신은 끊임없이 새로운 문장을 시작해야만 하는 부담감을 떠안는다.

반대로 그가 자신의 이야기를 할 때는 어떤가. 그는 자신의 관심사나 업무 혹은 사소한 자랑거리에 대해서는 꽤 길게 늘어놓을 수 있다. 이때 당신은 훌륭한 청중이 되어 고개를 끄덕이고 적절한 질문을 던지며 그의 말에 생명력을 불어넣는다. 하지만 당신이 주인공이 되어야 할 순간, 그는 너무나 쉽게 관객석을 떠나 버린다.

이런 소통의 부재가 반복되면, 당신은 점점 외로워진다. 단순히 말이 통하지 않는다는 답답함을 넘어, 나의 존재가 상대방에게 깊이 닿지 못하고 겉돌고 있다는 근원적인 소외감을 느끼게 된다. 당신은 그를 이해하기 위해 수많은 에너지를 쓰지만, 그는 당신을 이해하려는 호기심조차 보이지 않는다. 나만 안달 나고, 나만 궁금해하고, 나만 애쓰는 관계. 이것은 사랑이라기보다 짝사랑에 가까운 고행이다.

그의 평온을 위해 희생되는 당신의 기쁨

왜 이런 불공정한 거래가 지속되는 걸까? 두 사람 사이에 은밀하게 자리 잡은 절대적인 규칙 때문이다. 바로 '그의 평온을 깨뜨려서는 안 된다'라는 암묵적인 룰이다.

그는 기본적으로 변화를 싫어하고, 갈등을 회피하며, 정서적인 에너지 소모를 극도로 꺼리는 성향을 지니고 있다. 그에게 있어 가장 이상적인 상태는 '아무 일도 일어나지 않는 상태'다. 따라서 당신의 모든 행동과 욕구는 이 기준에 따라 재단된다.

당신이 제안하는 새로운 여행이나 데이트가 그의 호기심을 자극하기보다 '피곤한 일'로 여겨진다면, 그는 미묘하게 거부감을 드러낸다. "꼭 멀리 가야 해? 그냥 집에서 쉬면 안 될까?"라는 그의 말은 제안이 아니라 거절에 가깝다. 당신에게는 함께 추억을 쌓는 기쁨이지만, 그에게는 현재의 안락함을 해치는 소음일 뿐이다.

더욱 심각한 것은 갈등 상황이다. 당신이 관계의 개선을 위해 서운함을 토로하거나 진지한 대화를 요청할 때, 그는 이를 관계에 대한 노력으로 받아들이지 않는다. 대신 자신의 평온한 일상을 위협하는 공격이나 징징거림으로 받아들인다. "왜 또 그래?", "좋게 넘어가면 안 돼?", "너는 너무 예민해"라는 말로 당신의 입을 막아 버린다.

그의 평온을 지키기 위해, 당신은 스스로 욕구를 검열하기 시작한다.

'이 이야기를 하면 그가 싫어하겠지?'

'그냥 내가 참고 넘어가는 게 낫겠지.'

당신은 점차 그의 감정적 경호원이 되어 간다. 그를 불편하게 만들지 않기 위해 자신의 감정을 억누르고, 그의 안정을 위해 당신의 활력을 희생한다. 관계는 더 이상 함께 성장하는 유기체가 아니라, 그의 편안함을 위해 정체된 고인 물이 되어 버린다. 당신의 행복은 이 관계의 목적이 아니라, 그의 평온을 유지하기 위해 언제든 지불될 수 있는 비용일 뿐이다.

밑 빠진 독에 물 붓기

사랑에 빠진 초기, 당신의 마음은 맑은 물이 가득 찬 옹달샘 같았다. 그에게 사랑을 주고, 그를 챙겨 주는 것만으로도 샘물은 마르지 않고 솟아났다. 주는 기쁨이 받는 기쁨 못지않게 컸기 때문이다. 하지만 아무리 깊은 샘이라도 퍼내기만 하고 채워지지 않으면 언젠가는 바닥을 드러내기 마련이다.

건강한 관계는 순환이다. 내가 준 사랑이 상대방에게 가닿아 그를 행복하게 하고, 그 행복한 에너지가 다시 내게로 돌아와 나를 채우는 선순환 구조다. 서로의 마음이라는 컵에 물을 부어 주며 함께 수위를 높여 가는 것이다.

그러나 당신 곁의 그는 밑 빠진 독과 같다. 당신이 아무리 많은 애정과 관심, 에너지를 쏟아부어도 그 독은 결코 채워지지 않는다. 당신의 사랑은 그의 내면에 축적되어 두 사람을 위한 자산이 되는 것이 아니라, 그저 그의 텅 빈 구멍으로 흘러 나가 사라져 버린다. 그는 당신의 헌신을 흡수만 할 뿐, 그것을 다시 사랑으로 가공해 돌려줄 능력이 없거나 그럴 의지가 없다.

어느 순간부터 이유 없는 무기력증이 찾아오지 않았는가? 예전에는 즐겁게 했던 취미 생활이 시들해지고, 친구들을 만나도 웃음이 나오지 않으며, 주말 내내 잠만 자고 싶은 그런 날들 말이다. 이것은 단순한 육체적 피로가 아니다. 영혼의 탈진이다. 누군가를 사랑하는 일이 에너지를 생성하는 것이 아니라 방전시키고만 있다는 의미다.

당신은 지금 소진 증후군Burnout Syndrome을 겪고 있다. 직장에서만 겪는 일이 아니다. 보상 없는 감정 노동이 지속될 때, 인간의 마음은 스스로를 보호하기 위해 셧다운Shutdown 상태로 들어간다. 당신을 빛나게 했던 생기와 호기심, 다정함이 서서히 말라비틀어져 가는 것을 느끼면서도, 당신은 멈추지 못하고 습관처럼 그에게 물을 붓고 있다. '조금만 더 하면 채워질지도 몰라'라는 헛된 희망을 품은 채.

그는 당신을 사랑하는 걸까

이 모든 피로감의 끝에서, 당신은 마침내 가장 아프고 본질적인 질문과 마주하게 된다.

'이 사람은 나를 사랑하는 걸까, 아니면 나에게 사랑받는 이 편안한 상태를 사랑하는 걸까?'

이 두 가지는 하늘과 땅만큼 다르다. 전자는 당신이라는 존재 자체를 목적어로 삼지만, 후자는 당신을 자신의 안락함을 위한 수단으로 삼는다. 그가 당신을 놓지 않는 이유는 당신 없이는 살 수 없어서가 아니라, 당신이 제공하는 서비스(정서적 안정, 보살핌, 사회적 체면 등)가 끊기는 것이 불편해서일 가능성이 높다.

당신이 아플 때, 그가 걱정하는 것이 당신의 고통인가, 아니면 당신이 아픔으로써 자신에게 올 불편함(데이트 취소, 간병의 귀찮음)인가? 당신이 떠나겠다고 할 때, 그가 두려워하는 것이 당신의 부재인가, 아니면 혼자 남겨질 자신의 처지인가?

잔인하게 들릴지 모르지만, 당신의 직감은 이미 답을 알고 있다. 당신이 이토록 외롭고 안달 난 이유는 당신의 사랑이 부족해서가 아니다. 그곳에 당신의 사랑을 받아 낼 그릇 자체가 없기 때문이다. 당신은 벽을 사랑하고 있고, 밑 빠진 독을 채우려 하고 있으며, 혼자서 2인분의 역할을 해내려다 쓰러지기 직전이다.

인정해야 한다. 지금 당신이 느끼는 이 지독한 피로감은 착각이 아니다. 관계가 잘못된 방향으로 흐르고 있다는, 당신의 영혼이 보내는 구조 신호다.

02

모두에게 좋은 사람이
나에게만 차가운 이유

그를 아는 사람들에게 그에 대한 평판을 묻는다면, 아마 십중팔구는 입을 모아 칭찬할 것이다.

"성실하고 책임감 강한 사람."

"법 없이도 살 수 있는 착한 사람."

"남의 부탁을 거절할 줄 모르는 배려심 깊은 사람."

회사 동료들은 그를 믿음직한 파트너로 여기고, 친구들은 그를 궂은일도 마다하지 않는 의리파로 기억한다. 심지어 아파트 경비원에게 건네는 따뜻한 인사나 식당 종업원을 대하는 정중한 태도를 보면, 그는 분명 도덕 교과서에서 걸어 나온 듯한 완벽한 인격체처럼 보인다.

당신 역시 처음에는 그의 이런 모습에 반했을 것이다. 타인에게 저토록 다정하고 예의 바른 사람이라면, 내게는 얼마나 더 깊은 사랑을 줄까 기대했기 때문이다. 하지만 그 기대가 배신당하는 데는 그리 오래 걸리지 않는다. 밖에서 모든 에너지를 태워 세상을 밝히던 그는 현관문을 열고 들어오는 순간, 마치 전원 코드가 뽑힌 가전제품처럼 싸늘하게 식어 버린다.

낮의 천사, 밤의 이방인

　퇴근 후 데이트나 주말 저녁의 풍경을 떠올려 보자. 밖에서 지인을 우연히 만났을 때, 그는 활짝 웃으며 안부를 묻고 상대방의 기분을 살피느라 여념이 없다. 하지만 그들과 헤어지고 둘만 남겨진 차 안, 공기는 순식간에 무거워진다. 방금까지 보여 주었던 생기 넘치는 미소는 온데간데없고, 그는 피로가 덕지덕지 묻은 무표정한 얼굴로 창밖만 응시한다.

　당신이 "오늘 어땠어?"라고 물으면, 돌아오는 대답은 "피곤하네, 좀 쉴게" 혹은 "그냥 그랬어"라는 건조한 단답형뿐이다. 침묵을 견디다 못한 당신이 오늘 있었던 일을 조잘조잘 이야기해도, 그는 영혼 없는 끄덕임으로 일관하거나 휴대폰 화면에서 눈을 떼지 않는다.

　마치 두 명의 다른 사람과 연애하는 기분이다. 낮에는 만인의 연인처럼 다정하지만, 밤이 되면 낯선 이방인처럼 거리를 두는 사람. 당신은 혼란스럽다.

　'다른 사람들에게는 저렇게 잘하면서, 왜 나한테만 이럴까?'

　'내가 그에게 덜 중요한 사람인 걸까? 아니면 내가 그를 피곤하게 만드는 걸까?'

　이러한 이중성은 당신을 가장 비참하게 만드는 지점이다.

차라리 그가 밖에서도 평판이 나쁘거나 무뚝뚝한 사람이라면, '원래 성격이 저렇구나' 하고 체념이라도 할 텐데. 세상 모든 사람에게 친절한 그가 유독 나에게만 에너지를 쓰지 않는다는 사실은, 스스로를 사랑받을 가치가 없는 사람처럼 느끼게 만든다.

가면을 유지하는 비용

그가 이토록 극단적인 온도 차를 보이는 이유는 당신을 미워해서가 아니다. 역설적이게도 그가 착한 사람이라는 타이틀을 유지하기 위해 치러야 하는 비용이 너무나 크기 때문이다.

'내현적 나르시시스트' 혹은 '착한 아이 콤플렉스'를 가진 사람들에게 타인의 시선은 생명줄과 같다. 그들은 내면의 가치를 확신하지 못하기 때문에, 외부로부터 오는 인정과 칭찬을 통해서만 자신의 존재 이유를 찾는다. '좋은 사람'이라는 평판은 그들에게 있어 사회적 생존을 위한 갑옷이자, 텅 빈 자아를 가려 주는 화려한 가면이다.

문제는 이 가면이 너무나 무겁다는 데 있다. 자신의 욕구는 억누르고 타인의 기대에 부응해야 하는 삶은 엄청난 정신적 에너지를 소모한다. 그는 회사에서 싫은 소리를 듣고도 웃어 넘겨야 했고, 친구의 무리한 부탁을 거절하지 못해 억지로 들어주었으며, 어머니의 하소연을 듣느라 감정을 쏟아부었다.

하루 내내 긴장 상태로 연기를 하며 에너지를 탕진한 것이다.

그렇게 방전된 상태로 당신 앞에 섰을 때, 그에게 남은 에너지는 '0'에 가깝다. 그에게 집, 그리고 당신이라는 존재는 더 이상 연기하지 않아도 되는 안전지대여야만 한다. 하지만 이 안전의 의미는 당신이 기대하는 것과 다르다. 당신에게 안전지대란 서로를 보듬어 주고 위로하는 공간이지만, 그에게 안전지대란 '아무것도 하지 않아도 비난받지 않는 공간', 즉 전원을 끄고 방치되어 있어도 되는 공간을 의미한다.

그는 밖에서 쓴 에너지를 당신에게서 충전하려 하지 않는다. 그저 당신이라는 편안한 소파에 기대어 널브러져 있기를 원할 뿐이다. 당신이 그에게 말을 걸거나 감정적인 교류를 요구하면, 그는 그것을 또 하나의 업무나 노동으로 받아들이며 짜증을 낸다. "밖에서 힘들게 일하고 왔는데, 너까지 왜 그래?"라는 그의 말은 변명이 아니다. 가면을 유지하느라 탈진해 버린 자아가 내지르는 비명에 가깝다.

친밀함보다 쉬운 인정

여기서 한 가지 의문이 생긴다. 그렇다면 왜 그는 가장 소중해야 할 연인보다 스쳐 지나가는 타인에게 더 잘하는 것일까? 보통의 관계라면 가까운 사람에게 더 많은 정성을 쏟는 것이 상식 아닌가.

하지만 그의 심리 계산법은 다르다. 그에게 친밀함Intimacy은 어렵고 두려운 과제인 반면, 인정Validation은 쉽고 즉각적인 보상이다.

타인에게 친절을 베풀면 즉각적인 칭찬과 호감이 돌아온다. "정말 대단하세요", "고마워요"라는 말은 그의 자존감을 손쉽게 부풀려 준다. 얕은 관계에서는 가면만 잘 쓰고 있으면 완벽한 사람으로 남을 수 있다.

반면, 연인 관계인 당신과의 친밀함은 다르다. 가면 뒤에 숨겨진 그의 진짜 모습, 찌질하고 약하고 이기적인 민낯까지 공유해야 한다. 깊은 대화를 나누고, 갈등을 해결하고, 서로의 상처를 보듬는 과정은 고도의 정서적 능력을 요구한다. 하지만 9장(87쪽)에서 다루는 더 자세한 내용을 보면 그는 내면이 텅 비어 있어 그런 깊은 교감을 감당할 능력이 없다.

그래서 그는 쉬운 길을 택한다. 에너지가 많이 들고 자신의 밑바닥이 드러날 위험이 있는 당신과의 깊은 소통은 회피하고, 적은 노력으로도 확실하게 '좋은 사람'이라는 보상을 주는 외부 관계에 몰두한다. 당신은 이미 잡힌 물고기 혹은 자신의 치부까지 알고 있는 불편한 목격자이기에, 그는 당신에게 잘 보이기 위한 노력을 멈춘 것이다.

쇼윈도 밖의 관객들
쇼윈도 안의 당신

이런 관계가 지속되면 당신은 점차 고립감을 느끼게 된다. 세상 사람들은 그가 연출한 쇼윈도 밖에서 화려하게 전시된 그의 모습만 보고 박수를 보낸다. 오직 당신만이 쇼윈도 안쪽, 먼지가 쌓이고 칠이 벗겨진 무대 뒤편에서 그를 지켜보고 있다.

당신이 친구들에게 "그 사람, 사실은 되게 차가워"라고 하소연해도, 친구들은 "에이, 설마. 그 좋은 사람이? 네가 복에 겨운 소리 하는 거 아니야?"라며 오히려 당신을 나무란다. 그의 완벽한 사회적 가면은 당신의 고통을 '예민한 투정'으로 만들어 버리는 가장 강력한 가스라이팅 도구가 된다.

당신은 억울하다. 내가 겪는 이 외로움과 냉담함은 실재하는 고통인데, 세상은 그를 천사로, 나를 까다로운 사람으로 규정한다. 이 인지부조화 속에서 당신은 점점 입을 다물게 된다.

밖에서는 세상 둘도 없는 잉꼬 커플인 척 연기하지만, 집에 돌아오는 차 안에서는 숨 막히는 침묵만이 흐르는 쇼윈도 커플의 비극은 이렇게 시작된다.

그의 친절은 빚이다

냉정하게 말하자면, 모두에게 좋은 사람은 누구에게도 진심으로 좋은 사람이 아닐 가능성이 높다. 한 사람의 에너지는 유한하다. 그 에너지를 외부에 모두 쏟아붓고 있다면, 정작 가장 가까운 내부의 사람들은 그 결핍을 감당해야 한다.

그가 밖에서 얻어 오는 그 화려한 평판과 칭찬들은 공짜가 아니다. 그것은 당신이 받아야 할 관심과 에너지를 끌어다 쓴 빚이다. 그는 당신에게 써야 할 정성을 담보로 타인의 환심을 사고 있는 셈이다. 당신이 느끼는 외로움은 그가 밖에서 흥청망청 써 버린 감정의 카드 명세서와 같다.

이제 당신은 깨달아야 한다. 밖에서 그가 얼마나 좋은 사람인지는 당신의 행복과 아무런 상관이 없다. 아니, 오히려 그가 밖에서 좋은 사람일수록 당신은 더 외로워질 수밖에 없는 구조 속에 갇혀 있다.

연인은 그가 밖에서 받는 칭찬을 함께 자랑스러워하는 사이가 아니라, 서로의 맨얼굴을 마주하고 쉴 수 있어야 하는 사이다. 만약 그가 당신 앞에서만 유독 차갑고 무심하다면, 그것은 당신이 부족해서가 아니다. 그가 자신의 가면을 지탱하느라 당신을 돌볼 여력을 상실했기 때문이다. 그는 모두에게 좋은 사람이 되고 싶어 하지만, 정작 자신에게 가장 소중한 사람을 외롭게 만드는 모순을 범하고 있다. 그리고 슬프게도, 그는 그 모순을 스스로 깨닫거나 고칠 의지가 없어 보인다.

03

투명한 벽

: 손은 잡고 있지만
마음은 닿지 않아

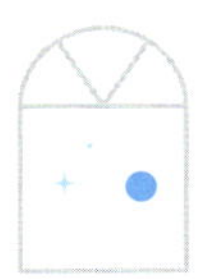

연인 관계를 정의하는 기준은 무엇일까. 많은 사람이 '함께 있는 시간'이나 '스킨십의 농도'를 꼽을지도 모른다. 주말마다 데이트하고, 매일 밤 통화하고, 손을 잡고 걷는다면 그것은 의심할 여지 없는 연인이다. 하지만 당신은 알고 있다. 이 모든 물리적 조건이 충족되어도, 마음 한구석을 서늘하게 만드는 절대적인 거리감이 존재할 수 있다는 것을.

그와 당신 사이에는 눈에 보이지 않는 거대한 유리 벽이 놓여 있다. 그 벽은 너무나 투명하고 깨끗해서 평소에는 그 존재를 알아차리기 힘들다. 당신은 벽 너머에 있는 그를 선명하게 볼 수 있고, 그의 목소리도 들을 수 있다. 하지만 손을 뻗어 그의 마음에 닿으려 하는 순간, 손끝은 차가운 유리에 가로막힌다. 아무리 두드려도 그는 그 소리를 듣지 못하거나, 듣더라도 모르는 척한다.

가장 가까운 곳에서 느끼는 타인성

카페에 마주 앉아 있을 때를 떠올려 보자. 두 사람 앞에는 김이 모락모락 나는 커피가 놓여 있고, 주변은 적당한 소음과 따뜻한 조명으로 채워져 있다. 당신은 오늘 회사에서 겪었던 억울한 일이나 친구에게 들은 재미있는 에피소드를 그에게 이야기한다. 그는 당신을 바라보며 가끔 고개를 끄덕이고, 적절한 타이밍에 "아, 그래?"라고 추임새를 넣는다.

겉보기엔 완벽하게 평온한 대화다. 하지만 당신의 직감은 무언가 어긋나 있음을 감지한다. 그의 눈동자는 당신을 향해 있지만 초점은 미묘하게 흐려져 있고, 고개 끄덕임은 기계적인 박자에 맞춰져 있다. 마치 입력된 알고리즘대로 반응하는 인공지능과 대화하는 느낌. 당신의 말이 그의 고막을 울리고는 있지만, 그의 마음속 깊은 곳으로 스며들지는 못하고 튕겨 나오는 기분이다.

아니나 다를까, 5분쯤 지나 당신이 "그래서 그때 내 기분이 어땠냐면…" 하고 결정적인 감정을 이야기하려 할 때, 그가 뜬금없이 묻는다.

"참, 아까 뭐라고 했지? 점심 메뉴가 뭐였다고?"

그 순간 대화의 맥은 탁 끊기고, 당신의 마음속에는 허무함이 밀려온다. 그는 당신과 함께 있지만, 당신과 연결되어 있지는 않다. 그의 정신은 이 공간이 아닌 다른 어딘가, 아마도 자신의 업무나 어머니의 안부 혹은 저녁 메뉴 같은 사소한 걱정

거리들 사이를 부유하고 있었을 것이다.

물리적으로는 팔을 뻗으면 닿을 거리에, 심지어 테이블 밑으로는 발을 맞대고 있을 만큼 가까이 있다. 하지만 정서적으로 그는 지구 반대편에 있는 낯선 사람보다 더 멀리 있다. 이 역설적인 거리감, '곁에 있는데도 사무치게 그립고 외로운 기분'이야말로 이 관계가 보내는 가장 위험하고 슬픈 신호다.

정서적 출입 금지 구역

그는 왜 당신과 온전히 연결되기를 거부하는 걸까? 그것은 그가 당신을 사랑하지 않아서가 아니라, 애초에 타인에게 자신의 마음을 열어 본 적이 없기 때문이다.

그의 마음을 하나의 집이라고 상상해 보자. 그는 당신을 그 집에 초대했다. 하지만 당신에게 허락된 공간은 오직 현관과 거실뿐이다. 그곳은 깔끔하게 정돈되어 있고, 손님을 맞이하기 위한 화려한 장식품들로 꾸며져 있다. 그는 거실 소파에 앉아 당신과 차를 마시고 TV를 보며 웃는다. "나는 당신과 함께라서 행복해"라고 말하기도 한다. 그 말은 거짓이 아니다. 거실에서의 그는 분명 행복하다.

하지만 당신이 화장실에 가려고 복도 안쪽으로 걸음을 옮기거나, 굳게 닫힌 방문을 열려고 하면 그는 황급히 당신을 막아선다.

"거긴 아무것도 없어. 지저분하니까 들어가지 마."

그 닫힌 방 안에는 무엇이 있을까. 아마도 그의 진짜 자아, 어린 시절부터 억눌려 온 상처, 누구에게도 들키고 싶지 않은 열등감, 그리고 어머니와 건강하지 못한 유착 관계가 뒤얽혀 있을 것이다. 그에게 친밀함이란 자신의 가장 취약한 부분을 드러내는 위험한 행위다. 그래서 그는 거실이라는 안전한 공간에서만 당신을 만나려 한다.

당신은 그의 연인이지만, 동시에 그의 내면에 대해서는 철저한 이방인이다. 당신은 그의 삶이라는 집의 담장 너머로 지붕을 볼 수 있고 창문에 불이 켜지는 것도 볼 수 있지만, 그 안에서 실제로 어떤 일이 벌어지는지는 영원히 알 수 없다. 당신은 그의 인생이라는 무대의 가장 앞줄에 앉은 관객일 뿐, 결코 무대 위로 올라가 그와 함께 춤을 추는 파트너가 될 수는 없다.

소통을 시도하면
'예민한 사람'이 된다

보이지 않는 벽 때문에 답답함을 느낀 당신은 결국 용기를 내어 말을 꺼낸다.

"요즘 우리 사이에 뭔가 벽이 있는 것 같아. 함께 있어도 혼자인 기분이 들어."

당신은 비난하려는 게 아니다. 그저 이 거리감을 좁히고 더 깊이 사랑하고 싶어서 손을 내민 것이다. 하지만 돌아오는 그의 반응은 당신을 좌절시킨다.

"무슨 소리야? 나 지금 여기 있잖아. 주말 내내 같이 있었는데 뭐가 문제야?"

그는 '물리적 함께 있음'을 근거로 당신의 '정서적 외로움'을 반박한다. 그는 정서적 교감이라는 개념 자체를 이해하지 못하거나, 의도적으로 모르는 척한다. 여기서 한 걸음 더 나아가 그는 문제의 원인을 당신에게로 돌려 버린다.

"요즘 회사 일 때문에 스트레스 많이 받아? 왜 이렇게 예민하게 생각해?"

"남들은 다 좋다고 하는데 너만 왜 그래? 내가 얼마나 노력하고 있는데."

순식간에 당신의 정당한 소통 시도는 신경질적인 투정이나 배부른 소리로 격하된다. 당신은 관계의 문제를 지적한 사람이 아니라, 평온한 관계에 긁어 부스럼을 만드는 '문제적 인물'이 되어 버린다.

이런 대화가 반복되면 당신은 스스로를 검열하게 된다.

'정말 내가 예민한 건가?'

'그는 아무 문제 없이 잘해 주는데 나만 만족을 못 하는 건가?'

가스라이팅은 이렇게 시작된다. 벽은 그대로 있는데, 당신은 그 벽을 보지 않으려 눈을 감아 버리게 되는 것이다.

공감 대신 해결책
위로 대신 훈계

투명한 벽은 당신이 아플 때 가장 단단하고 차가워진다. 당신이 직장에서 겪은 부당한 대우나 인간관계의 어려움을 토로할 때, 당신이 원하는 것은 그저 "정말 힘들었겠다, 네 편이야"라는 따뜻한 포옹이다. 감정의 파도를 함께 맞아 주는 든든한 방파제가 되어 주길 바라는 것이다.

하지만 그는 당신의 감정에 머무르지 않는다. 그는 당신의 이야기를 듣자마자 판사나 컨설턴트가 되어 상황을 분석하기 시작한다.

"그래서 네가 상사한테 뭐라고 했는데? 거기서 그렇게 말하면 안 되지."

"그 사람도 입장이 있었겠지. 네가 너무 감정적으로 대응한 거 아니야?"

"이미 벌어진 일이잖아. 잊어버려. 생각한다고 해결되는 것도 아니고."

그는 당신의 감정을 해결해야 할 문제 혹은 제거해야 할 오류로 취급한다. 그는 당신이 겪는 고통의 내용보다는 그 고통이 자신에게 미칠 영향(당신이 우울해져서 데이트 분위기를 망치는 것)을 더 걱정한다. 그래서 빨리 그 상황을 종료시키기 위해 섣부른 조언을 하거나 화제를 돌려 버린다.

이 과정에서 당신의 감정은 갈 곳을 잃는다. 위로받으러 갔다가 오히려 상처만 더 입고 돌아오는 꼴이다. 반면, 그의 어머니가 "오늘 날씨가 흐려서 기분이 안 좋다"라고 하면 그는 종일 걱정하며 안부 전화를 건다. 이 명백한 온도 차 앞에서 당신은 비참함을 느낀다.

'나의 아픔은 그에게 소음이지만, 어머니의 투정은 그에게 명령이구나.'

스킨십
: 사랑인가, 습관인가

아이러니하게도 이 투명한 벽은 침대 위에서는 잠시 사라지는 것처럼 보인다. 그는 스킨십을 좋아하고, 육체적인 관계에 몰두할 수도 있다. 하지만 그 행위가 끝난 직후를 떠올려 보라. 격렬했던 열기가 식고 나면, 그는 급격하게 자신만의 세계로 철수한다. 등을 돌리고 잠을 청하거나, 휴대폰을 집어 든다.

방금 몸을 섞었지만, 마음이 섞였다는 충만함은 없다. 오히려 더 큰 공허함이 밀려온다. 그에게 스킨십은 정서적 교감의 연장선이 아니라, 단순히 생리적 욕구를 해소하거나 연인으로서의 의무를 이행했다고 스스로 면피하는 수단에 불과하기 때문이다. 혹은 당신을 소유하고 있다는 것을 확인하는 행위일 뿐이다.

손을 잡고 있지만 온기가 느껴지지 않는 손. 포옹하고 있지만 심장 박동이 전해지지 않는 가슴. 당신이 느끼는 서늘함은 당신의 피부가 아니라 마음이 느끼는 온도다.

벽을 인정하는 것

이 투명한 벽은 당신의 노력만으로 깨뜨릴 수 없다. 당신이 아무리 사랑이라는 망치로 두드려도, 안에서 문을 걸어 잠근 사람이 열어 주지 않는다면 그 벽은 절대 무너지지 않는다.

지금 당신에게 필요한 것은 더 큰 망치를 구하는 것이 아니다. 그 벽이 존재한다는 사실을, 그리고 그 벽이 당신이 만든 것이 아니라는 사실을 인정하는 것이다. 당신은 벽에 대고 소리치느라 목이 쉬어 버린 사람이다. 이제는 그 무의미한 외침을 멈추고, 당신의 목소리를 들어 줄 다른 곳을 찾아야 할지도 모른다.

벽 너머의 그를 변화시키려 애쓰는 대신, 벽 앞에 서서 하염없이 기다리고 있는 당신을 먼저 돌보아야 한다. 손은 잡고 있지만 마음은 닿지 않는 이 슬픈 연극을 언제까지 계속할 것인지, 이제는 관객이 아닌 주인공으로서 결정해야 할 시간이다.

04

그의 세상 속
나는 언제나 '참고인'일 뿐

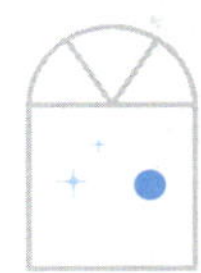

사랑하는 사람과 관계를 맺고 미래를 꿈꾼다는 것은 비유하자면 두 사람이 함께 집을 짓는 과정과 같다. 어떤 땅에 집을 지을지, 창문은 어디에 낼지, 벽지는 무슨 색으로 할지 하나하나 상의하고 조율해 가는 과정. 때로는 의견이 안 맞아 다투기도 하고, 서로 양보하며 합의점을 찾아가는 그 치열한 과정 자체가 곧 연애고 결혼 준비다.

당신은 당연히 그와 함께 이 집을 짓고 있다고 믿었을 것이다. 그가 보여 준 다정함과 헌신, 그리고 미래를 향한 약속들은 당신을 이 공사의 공동 건축가로 느끼게 하기에 충분했으니까. 하지만 시간이 지나면서 당신은 기이한 소외감에 시달리게 된다. 벽돌 한 장을 놓는 것조차 당신의 뜻대로 되지 않고, 중요한 설계 도면이 당신도 모르는 사이에 자꾸만 변경되는 것을 목격하기 때문이다.

정신을 차려 보니 당신은 집을 짓는 주체가 아니었다. 이미 완공된 혹은 다른 누군가가 설계한 그의 성에 잠시 초대받아

서성이는 방문객에 불과했다. 더욱 절망적인 것은, 그 성의 실질적인 안주인이 당신이 아니라는 사실이다.

당신의 의견은 '결재 서류'에 첨부된 포스트잇이다

함께 떠날 여름휴가를 계획하던 때를 떠올려 보자. 당신은 설레는 마음으로 며칠 밤을 새워 가며 블로그와 SNS를 뒤져 맛집 리스트를 만들고, 동선이 완벽한 숙소를 찾아냈다. 그에게 "여기 어때? 바다도 가깝고 평점도 좋아"라고 보여 주었을 때, 그는 분명 눈을 반짝이며 "와, 정말 좋다. 여기로 하자"라고 동의했다. 당신은 행복한 여행을 꿈꾸며 예약을 서둘렀다.

그런데 며칠 뒤, 그가 난처한 표정으로 혹은 아무렇지 않게 말을 바꾼다.

"어제 엄마랑 통화했는데, 거기 위생이 별로라는 소문이 있대. 엄마 친구분이 다녀오셨는데 실망하셨다더라. 그리고 여름엔 바다보다 계곡이 낫지 않겠냐고 하셔서… 그냥 강원도 쪽 펜션으로 알아보는 게 어때?"

순간 당신은 멍해진다. 당신이 며칠을 공들여 찾은 데이터와 취향, 그리고 두 사람이 함께 나눈 합의는 가 본 적도 없는 어머니의 전언 한마디에 너무나 힘없이 폐기된다. 당신은 항변하고 싶어진다.

“요즘 후기는 다르던데?”

“우리가 가고 싶었던 건 바다였잖아?”

하지만 그는 이미 마음을 정했다.

“엄마 말이 틀린 거 하나도 없어. 어른들 말이 다 맞아.”

이 대화에서 당신의 위치는 명확하다. 당신은 의사결정권자가 아니다. 당신의 취향과 노력은 그저 그가 결정을 내리기 위해 참고하는 수많은 정보 중 하나일 뿐, 결정적인 영향력을 행사하지 못한다.

반면, 어머니의 한마디는 검증이 필요 없는 절대 정답이자 최종 결재 도장이다. 당신의 의견은 결재 서류 구석에 붙은, 언제든 떼어 내 버릴 수 있는 포스트잇 같은 존재다.

중대한 결정일수록 당신은 배제된다

여행지 선택 같은 사소한 문제라면 백번 양보해 ‘효자라서 그렇다’고 이해할 수도 있다. 하지만 이직, 전세 계약, 결혼 준비 같은 인생의 중대한 결정 앞에서도 당신이 철저히 배제된다면, 이것은 관계의 근간을 뒤흔드는 심각한 문제다.

어느 날 그가 심각한 얼굴로 회사를 그만두겠다고 말한다. 당신은 그동안 그가 얼마나 힘들었는지 누구보다 잘 알기에, 가슴 아파하며 밤을 새워 그의 고민을 들어 준다. 그리고 파트너로서 현실적인 조언을 건넨다.

"지금 당장 그만두면 경력 관리가 애매해지니, 이직할 곳을 정해 두고 나오는 게 안전하지 않을까? 조금만 더 버티면서 준비해 보자."

그는 당신의 말에 일리가 있다며 고개를 끄덕이고, "생각해 볼게"라고 답한다. 당신은 두 사람이 함께 미래를 고민하고 있다고 믿는다.

그러나 며칠 뒤, 그는 해맑은 얼굴로 혹은 통보하듯 말한다.

"엄마랑 상의해 봤는데, 역시 지금 그만두고 공무원 시험 준비하는 게 낫겠대. 당분간 생활비는 엄마가 지원해 주신다고 했어. 그래서 오늘 사표 냈어."

당신의 걱정, 당신이 제시한 현실적인 대안, 그리고 두 사람의 미래에 대한 고려는 공중으로 흩어진다. 당신과의 대화는 그저 답답한 마음을 풀기 위한 감정 배출이었을 뿐, 의사 결정을 위한 논의가 아니었다. 진짜 회의는 당신이 잠든 사이, 그와 어머니 사이에서 이루어졌다. 그리고 당신은 이미 결정된 사항을 일방적으로 통보받는, '관계자 외 출입 금지' 구역 밖의 사람일 뿐이다.

이때 느껴지는 감정은 단순한 서운함이 아니다. 나의 존재가 무시당했다는 모멸감, 그리고 내 인생이 나의 의지와 상관없이 타인(그와 그의 어머니)에 의해 좌지우지될 수 있다는 공포감이다. 연인 혹은 배우자라면 마땅히 공유해야 할 삶의 핸들을, 당신은 잡아 볼 기회조차 얻지 못하고 있다.

'참고인' 신분의 비애

이쯤 되면 당신의 역할은 명확해진다. 당신은 이 관계의 당사자가 아니라 참고인이다. 경찰 조사에서 참고인은 사건에 대해 자신이 알고 있는 것을 진술할 수는 있지만, 수사의 방향을 결정하거나 기소 여부를 판단할 권한은 없다. 수사관이 "알겠습니다, 돌아가셔도 좋습니다"라고 하면 조용히 퇴장해야 하는 존재다.

그의 삶이라는 드라마에서 당신은 주인공의 파트너가 아니다. 주인공이 결정을 내리기 전 잠시 들러 기분을 맞춰 주는 조연 혹은 이미 내려진 결정에 박수를 보내 주는 방청객이다. 그가 당신에게 "어떻게 생각해?"라고 묻는 것은, 정말로 당신의 의견이 궁금해서가 아니다. 자신이(혹은 어머니가) 내린 결정이 옳다는 것을 당신 입을 통해 확인받고 싶거나(답정너), 최소한 당신에게 물어봤다는 형식적인 명분을 쌓기 위해서다.

만약 당신이 그가 원하는 답(혹은 어머니의 뜻과 일치하는 답)을 내놓지 않으면, 그는 당신을 설득하려 하지 않고 방어적으로 나온다. "너는 몰라서 그래", "우리 집은 원래 이래"라며 대화의 문을 닫아 버린다. 참고인이 수사관의 심기를 거스르는 진술을 하면 묵살되는 것과 같다.

그가 말하는 '우리'의 진짜 주어

결국 이 모든 문제는 그가 사용하는 '우리'라는 단어의 기만적인 정의에서 비롯된다. 건강한 성인 남녀가 만났을 때, '우리'는 독립된 두 자아가 결합하여 만든 새로운 운명 공동체를 뜻해야 한다. 부모님은 존경과 감사의 대상일 뿐, 이 우리라는 울타리 밖으로 한 걸음 물러나 있어야 하는 존재다.

하지만 내현적 나르시시스트인 그에게 본질적인 우리는 여전히 '나와 엄마'다. 탯줄은 잘렸지만 심리적인 탯줄은 여전히 펄떡이며 이어져 있다. 당신은 그 공고한 모자 유니버스에 편입되기를 희망하는 대기자 명단에 올라와 있을 뿐이다.

그가 "우리 이번에 차 바꿀까?"라고 물을 때, 그 질문의 주어는 '당신과 나'가 아니다. 그 말은 "엄마랑 상의해서 차를 바꾸기로 결정했는데, 내 파트너인 너도 알고는 있어라"라는 사전 고지에 가깝다. 당신이 "아직은 경제적으로 무리 아닐까?"라고 반대하면, 그는 "엄마가 도와주신다니까 왜 그래?"라며 짜증을 낸다. 여기서 경제적 지원의 주체가 어머니라는 것은, 곧 이 차의 소유권(심리적 지분) 또한 어머니에게 있다는 뜻이다.

책임 회피의 비겁한 수단

그는 왜 이토록 어머니의 결정에 의존할까? 단순히 효자라서? 아니다. 근본적인 이유는 그가 스스로 책임지는 것을 두려워하는 어른 아이이기 때문이다.

스스로 결정하고 선택한다는 것은 그 결과에 대한 책임도 온전히 자신이 진다는 것을 의미한다. 실패했을 때의 비난과 후회를 감당할 만큼 그의 자아는 단단하지 않다. 그래서 그는 가장 안전한 권위자인 어머니 뒤에 숨는다. 어머니가 하라는 대로 하면 설사 결과가 나빠도 '엄마'라는 탓할 대상이 생긴다.

반면, 당신의 말을 듣고 실패하면, 그는 당신을 원망하거나 불안해할 것이다. 그에게 어머니의 판단은 보험이고, 당신의 판단은 리스크다.

빈 조수석을 바라보는 일

이제 인정해야 한다. 당신은 그와 함께 나란히 앉아 미래를 향해 운전해 가고 있는 것이 아니다. 당신이 앉아야 할 조수석에는 이미 그의 어머니가 앉아 내비게이션을 조작하고, 간식도 먹여 주며, "이 길로 가라, 저 길은 막힌다"라고 지시하고 있다. 당신은 뒷좌석에 앉아 그들이 이끄는 대로, 영문도 모른 채 끌려가고 있을 뿐이다.

가끔 그가 백미러로 당신을 힐끔거리며 "잘 따라오고 있지?"라고 묻는 것이 그가 베푸는 관심의 전부다. 당신이 "이 길은 아닌 것 같아"라고 소리쳐도, 앞좌석의 두 사람은 음악 소리를 높이며 당신의 목소리를 지워 버린다.

이 철저한 소외감은 당신이 예민해서 느끼는 것이 아니다. 당신이 있어야 할 자리를 누군가가 차지하고 있기 때문에 느끼는, 너무나 당연하고 뼈아픈 현실의 감각이다. 그의 세상 속에서 당신은 파트너가 아니라, 언제든 대체가 가능한 '참고인'일 뿐이다. 그리고 참고인의 진술은 재판의 결과를 뒤집을 만큼 강력하지 않다. 이것이 당신이 느끼는 무력감의 정체다.

네가 너무 예민한 거야

{ 가스라이팅의 서막 }

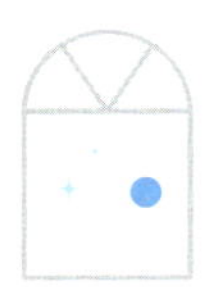

관계에 균열이 생겼음을 감지한 당신은 며칠 밤을 고민한 끝에 마침내 용기를 낸다. 더 이상 이 불편한 침묵과 거리감을 모르는 척할 수 없어서 혹은 당신을 갉아먹는 소외감을 해소하고 싶어서 그에게 대화를 청한다. 당신은 싸우러 나온 투사가 아니다. 그저 사랑하는 사람과 다시 연결되고 싶은, 관계를 회복하고자 하는 간절한 마음뿐이다.

최대한 차분하게, 그를 비난하지 않으려 단어를 고르고 골라 당신의 마음을 전한다.

"요즘 우리가 대화가 좀 줄어든 것 같아서 외로워. 그리고 중요한 결정을 할 때 나랑 먼저 상의해 줬으면 좋겠어. 나는 우리가 함께라고 느끼고 싶어."

당신의 목소리는 떨리지만 진심이 담겨 있다. 상식적인 연인이라면 이 순간 당신의 손을 잡으며 "그랬구나, 미안해. 내가 더 신경 쓸게"라고 말해 주어야 한다. 그것이 건강한 관계의 반응이다. 하지만 그, 착한 아들의 가면을 쓴 내현적 나르시시스트의 반응은 당신의 예상 궤도를 완전히 벗어난다.

그는 화를 내지 않는다. 도리어 아주 놀랍다는 표정 혹은 당신을 진심으로 걱정하는 듯한 표정을 짓는다. 그리고 낮고 부드러운 목소리로, 당신의 영혼에 가장 치명적인 독을 주입한다.

"당신, 요즘 회사 일 때문에 많이 힘들구나? 왜 이렇게 예민해졌어?"

사실을 감정으로 덮어씌우기

이 짧은 문장은 단순해 보이지만, 고도로 계산된(혹은 본능적인) 방어기제다. 이 한마디로 인해 대화의 프레임은 순식간에 뒤바뀐다.

방금까지 대화의 주제는 '그의 행동(소통 부재, 독단적 결정)'이라는 객관적 사실이었다. 하지만 그가 "예민하다"라는 단어를 꺼내는 순간, 대화의 주제는 '당신의 불안정한 심리 상태'라는 주관적 감정으로 이동한다. 이제 그는 '문제를 일으킨 당사자'가 아니라 '힘들어하는 여자친구를 걱정해 주는 이성적인 관찰자'가 되고, 당신은 '정당한 요구를 하는 파트너'가 아니라 '스트레스 때문에 별것도 아닌 일에 히스테리를 부리는 환자'가 된다.

당신은 당황한다. "아니, 스트레스 때문이 아니라, 팩트는 네가 약속을 어겼다는 거잖아"라고 반박해 보지만, 그는 이미 당신을 비이성적인 상태로 규정했다.

"그거야 상황이 어쩔 수 없었던 거잖아. 평소 같으면 웃어넘길 일을 가지고 왜 그래? 요새 잠 못 잤어? 안색이 안 좋아."

그는 끝까지 논점을 흐린다. 당신이 제기한 팩트는 증발하고, 오직 당신의 태도만이 수술대 위에 오른다. 당신은 억울함에 목소리가 높아지거나 눈물이 차오른다. 그러면 그는 기다렸다는 듯이 쐐기를 박는다.

"봐, 지금도 흥분했잖아. 진정되면 그때 다시 이야기하자."

상황은 종료된다. 그는 유유히 자리를 피하고, 남겨진 것은 자신의 감정을 통제하지 못했다는 자괴감에 빠진 당신뿐이다.

걱정을 가장한 통제

폭언이나 욕설을 하는 가스라이팅은 차라리 알아차리기 쉽다. "너 미쳤어?"라고 소리치는 남자에게는 "너야말로 제정신이야?"라고 받아칠 수 있다. 하지만 내현적 나르시시스트의 가스라이팅은 걱정과 배려의 탈을 쓰고 다가오기에 방어하기가 거의 불가능하다.

그는 당신을 공격하는 것이 아니라, 당신을 위하는 척한다.

"내가 다 너 생각해서 그런 거야. 네가 너무 과하게 생각하면 너만 힘들잖아."

"엄마도 그러시더라. 재가 요즘 많이 날이 서 있는 것 같다고. 한약이라도 한 재 지어 먹여야 하는 거 아니냐고 걱정하시더라.”

이 말들은 겉으로는 따뜻해 보이지만, 속뜻은 차갑고 단호하다.

“너의 판단력은 고장 났다. 그러니 너는 너 자신을 믿지 말고, 내 말(혹은 우리 엄마의 말)을 믿어라.”

이것은 당신의 현실 검증 능력을 마비시키는 과정이다. 당신이 느끼는 서운함, 외로움, 분노는 관계의 부조리함을 알리는 정확한 신호등이었다. 하지만 그 신호등을 볼 때마다 그가 옆에서 “저건 빨간불이 아니라 초록불이야. 네 눈이 피곤해서 잘못 본 거야”라고 속삭인다. 처음에는 부정하다가도 열 번, 백 번 반복되면 당신은 서서히 자신의 눈을 의심하게 된다.

‘정말 내가 너무 빡빡하게 구는 건가?’

‘그는 좋은 사람인데, 내가 꼬여서 그를 괴롭히는 건가?’

당신은 스스로를 가해자로, 그를 피해자로 인식하기 시작한다. 자신의 감정을 신뢰하지 못하게 된 사람은 타인의 통제에 저항할 힘을 잃는다. 이것이 그의 행동이 도달하려는 최종 목적지다.

기억의 조작과 왜곡

가스라이팅은 현재의 감정뿐만 아니라 과거의 기억까지 침범한다. 당신이 "분명히 그때 이렇게 하기로 약속했잖아"라고 말하면, 그는 태연한 얼굴로 기억을 부정한다.

"내가? 에이, 설마. 네가 잘못 기억하는 거겠지. 나는 그런 말 한 적 없어."

"그때는 농담으로 한 말이지. 그걸 진담으로 받아들이면 어떡해? 너 참 융통성 없다."

너무나 확신에 찬 그의 태도 앞에서 당신의 기억은 흔들린다. 당신이 휴대폰 녹음기라도 켜 두지 않은 이상, 지나간 대화는 증명할 길이 없다. 그는 이 모호한 영역을 파고든다. 명백한 사실조차 오해나 농담, 착각으로 치부해 버린다.

이런 일이 반복되면 당신은 브레인 포그Brain Fog라고 불리는 인지적 혼란 상태에 빠진다. 머릿속에 안개가 낀 것처럼 멍하고, 방금 무슨 말을 하려 했는지 잊어버리며, 자신의 판단에 확신을 갖지 못하게 된다. 결국 당신은 논쟁을 포기한다.

'그래, 내가 잘못 알았겠지. 내가 예민해서 오해했겠지.'

그렇게 당신은 자신의 기억보다 그의 주장을 더 신뢰하는 의존적인 상태로 전락한다.

쿨한 여자 콤플렉스

"예민하다"라는 비난이 무서운 이유는, 우리 내면에 있는 인정 욕구를 자극하기 때문이다. 특히 사회생활을 하고 인간

관계를 중요시하는 당신이라면 '속 좁은 사람', '감정적인 여자', '피곤한 스타일'이라는 꼬리표가 붙는 것을 극도로 두려워할 것이다.

그는 이 두려움을 정확히 간파하고 있다. 그래서 당신이 정당한 권리를 주장할 때마다 "예민하다", "집착한다", "구속한다"라는 단어로 낙인을 찍는다. 당신은 그 낙인을 피하기 위해 필사적으로 노력한다.

쿨한 척, 이해심 넓은 척, 아무렇지 않은 척.

그가 연락이 없어도 "바쁜가 보지"라며 넘어가고, 그가 다른 여자(혹은 어머니)와 지나치게 가까워도 "질투하는 여자는 매력 없으니까"라며 애써 미소 짓는다. 속은 문드러지고 있는데, 겉으로는 그가 원하는 '이해심 많은 완벽한 파트너'를 연기한다.

하지만 기억해야 한다. 참는다고 해서 당신이 쿨한 여자가 되는 것은 아니다. 그저 '다루기 쉬운 호구'가 될 뿐이다. 당신이 자신의 감정을 검열하고 억누를수록 그는 더욱 안심하고 마음껏 자신의 이기심을 펼친다. 당신의 '쿨함'은 그에게 날개를 달아 주는 꼴이다.

예민함은 죄가 아니다

이제 진실을 마주할 시간이다. 당신은 예민한 것이 아니다.

당신은 '예리한' 것이다.

당신의 직감은 정확했다. 당신이 느꼈던 위화감, 소외감, 불안감은 고장 난 센서의 오작동이 아니라, 성능 좋은 레이더가 감지해 낸 실제 위험 신호였다. 그가 당신을 예민하다고 몰아세운 이유는 단 하나다. 당신의 그 예리한 눈초리가 자신의 가면 뒤에 숨겨진 초라한 민낯을 들춰낼까 봐 두려웠기 때문이다.

그는 자신의 공허함, 공감 능력의 부재, 책임 회피 성향을 들키지 않기 위해 당신의 입을 막아야 했다. 그래서 당신의 감정을 '질병' 취급하며 무력화시킨 것이다.

건강한 관계에서 파트너는 당신의 예민함을 비난하지 않는다. "네가 그렇게 느꼈다면, 내가 무언가 실수한 게 있나 보다"라며 당신의 감정을 존중하고 살핀다. 당신의 감정을 문제 삼는 사람, 당신의 기억을 부정하는 사람, 당신을 끊임없이 검열하게 만드는 사람. 그가 바로 문제의 원인이다.

"넌 너무 예민해"라는 말은, 번역하자면 "네가 감히 나를 불편하게 하다니. 입 다물고 내 방식에 따라와"라는 독재자의 선포와 같다. 이 가스라이팅의 서막을 인지하는 순간, 당신은 안개 속에서 걸어 나올 준비를 마친 셈이다. 당신의 감정은 옳다. 언제나 옳았다.

단지 누군가를 사랑한다고 해서 무조건 감싸
줘야 한다는 뜻은 아니다. 사랑은 상처를 덮
는 붕대가 아니다.

- 휴 엘리어트

그가 당신에게 공감하지 못하고, 결정적인 순간마다 어머니를 선택하는 이유. 그 답은 당신이 그를 만나기 훨씬 전, 어린 시절에 묻혀 있다. 세상에 태어날 때부터 텅 빈 사람은 없다. 모든 아이는 사랑받기를 원하고, 독립적인 인간으로 성장할 잠재력을 품고 태어난다. 그렇다면 그는 어쩌다 속이 텅 비어 버린 착한 아들이 되었을까.

이 파트에서는 그가 착한 아들이 될 수밖에 없었던 환경을 들여다본다. 건강한 분리를 허락받지 못한 채 어머니의 감정을 떠안아야 했던 어린 시절, 아버지의 부재가 남긴 빈자리, 그리고 '효자'라는 칭찬이 어떻게 한 사람의 독립성을 잠식하게 만들었는지까지. 이것은 그를 변호하려는 것이 아니다. 그의 문제가 당신의 사랑으로 고칠 수 있는 수준이 아님을 명확히 인식하기 위함이다.

Part 2

그는 어쩌다
착한 아들이 되었을까

기원Origin

끝나지 않은 탯줄

: 감정받이가 된 아이

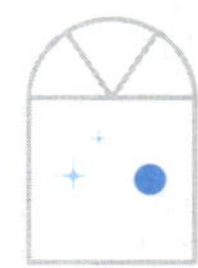

성인이 된 한 남자가 어머니와 맺고 있는 관계를 지켜보다 보면, 문득 기이한 위화감을 느낄 때가 있다. 그것은 단순히 "효심이 깊다"라거나 "사이좋은 모자지간이다"라는 말로는 설명되지 않는, 끈적하고 질척한 공기다.

그는 하루에도 수십 번씩 어머니와 연락을 주고받으며 자신의 일거수일투족을 보고한다. 점심 메뉴가 무엇인지, 퇴근길 날씨가 어떤지, 직장에서 누구에게 무슨 말을 들었는지. 연인인 당신에게도 하지 않는 시시콜콜한 이야기들이 어머니의 전화기 너머로 흘러 들어간다. 어머니의 기분이 조금이라도 안 좋아 보이면 그는 안절부절못하며 자신의 하루를 망친다. 반대로 어머니가 기뻐하면 그는 세상을 다 가진 듯 안도한다.

마치 두 사람 사이에 보이지 않는 관이 연결되어 있어, 감정과 생명력을 실시간으로 공유하는 샴쌍둥이 같다. 물리적인 탯줄은 그가 태어나는 순간 잘렸을지 모르지만, 심리적인 탯줄은 30년이 지난 지금도 여전히 펄떡이며 그를 어머니에게 묶어 두고 있다.

그는 독립된 성인 남성이 아니다. 어머니의 자궁 밖으로 나왔으나, 여전히 어머니라는 우주 안에서만 숨 쉴 수 있는 태아다.

엄마의 눈물을 닦아 주는 어린 남편

이 기형적인 애착의 뿌리를 찾기 위해서는 그의 어린 시절, 그 작은 방 안으로 들어가 보아야 한다. 그곳에는 아마도 불행한 어머니와 그런 어머니를 바라보며 공포에 질린 작은 소년이 있을 것이다.

많은 경우, 내현적 나르시시스트가 되는 착한 아들의 가정에는 아버지의 부재가 있다. 아버지가 실제로 없거나, 있어도 알코올 중독, 외도, 무관심, 폭력 등으로 인해 가장으로서, 남편으로서 기능하지 못하는 경우다. 남편에게서 사랑과 위로를 받지 못한 어머니는 깊은 고립감과 우울함에 빠진다. 그리고 그 텅 빈 마음을 채울 대상으로, 가장 만만하고 가까이 있는 존재인 '아들'을 선택한다.

어린 시절의 그를 상상해 보자. 학교에서 돌아온 그는 거실 한구석에서 울고 있거나 한숨 쉬는 어머니를 발견한다. 아이에게 부모의 우울은 세상이 무너지는 것과 같은 공포다. 아이는 본능적으로 어머니를 살려야 자신이 살 수 있다는 것을 안다. 그래서 고사리 같은 손으로 어머니의 눈물을 닦아 주고, 재롱을 부리고, 어머니의 하소연을 들어 주기 시작한다.

"네 아빠는 구제 불능이야. 엄마는 너 하나만 보고 산다."

"너 없었으면 엄마는 벌써 죽었을 거야. 네가 내 유일한 희망이야."

이 말들은 겉으로는 모성애처럼 들리지만, 실상은 끔찍한 저주이자 족쇄다. 어머니는 아들에게 자신이 짊어져야 할 삶의 고통과 배우자에 대한 원망을 쏟아붓는다. 이것을 심리학에서는 '정서적 근친Emotional Incest'이라고 부른다. 성적인 접촉은 없지만, 부모가 자녀를 자신의 정서적 배우자, 즉 '대리 남편Surrogate Husband'으로 삼아 심리적 욕구를 해소하는 학대 행위다.

어린 아들은 어머니의 고통을 자신의 것으로 흡수한다. 그는 아버지를 대신해 어머니를 지키고 위로해야 한다는 과도한 책임감을 떠안는다. 또래 친구들과 뛰어놀며 자신의 세상을 넓혀 가야 할 시기에, 그는 어머니의 감정 쓰레기통이 되어 그녀의 불행을 받아 내느라 자신의 유년 시절을 저당 잡힌다.

감정의 식민지가 된 아이

이 과정에서 아이에게 일어나는 가장 치명적인 변화는 '자아의 상실'이다.

아이는 자신의 감정을 느끼고 표현하는 법을 배우지 못한다. 자신이 슬프거나 화가 나도, 그것을 표현하면 힘든 어머니를 더 힘들게 할까 봐 꾹 참는다. "엄마가 슬프면 나도 슬프고, 엄마가 기쁘면 나도 기쁘다"라는 공식이 뇌리에 각인된다. 자신의 욕구는 중요하지 않다. 오직 어머니의 기분을 살피고 맞추는 것만이 그가 사랑받고 생존할 수 있는 유일한 길이다.

그는 어머니의 감정에 의해 조종되는 인형이 된다. 어머니가 "추우니까 옷 입어라"라고 하면 춥지 않아도 입어야 하고, "저 친구는 별로다"라고 하면 그 친구와 놀지 말아야 한다. 어머니의 판단이 곧 자신의 판단이 되고, 어머니의 감정이 곧 자신의 감정이 된다. 심리적 경계선이 완전히 허물어진 상태, 즉 '유착Enmeshment' 상태가 지속된다.

이렇게 자란 아이는 성인이 되어서도 '내가 무엇을 원하는지', '내가 무엇을 느끼는지'를 모른다. 그의 내면에는 자신의 목소리가 없다. 오직 어머니의 목소리, 어머니의 욕망만이 메아리칠 뿐이다. 그는 껍데기만 어른일 뿐, 내면은 여전히 어머니의 안색을 살피며 "나 잘했지?"라고 묻는 다섯 살 아이로 머물러 있다.

성인이 된 그가 겪는 분리 불안

시간이 흘러 그가 당신을 만났다. 하지만 그의 무의식 속에서 '가장 중요한 여성'의 자리는 여전히 어머니가 차지하고 있다. 당신과의 연애는 어머니와의 관계에 위협이 되지 않는 선에서만 허용된다.

그가 데이트 중에 어머니의 전화를 받느라 당신을 방치하는 것은, 당신을 무시해서가 아니다. 어머니의 부름에 즉각 반응하지 않았을 때 밀려올 죄책감과 공포를 견딜 수 없기 때문이다. 그에게 어머니를 거절하는 것은 생존의 근원인 탯줄을 끊는 것과 같은 죽음에 가까운 공포다.

그는 당신을 사랑하고 싶어 하지만, 동시에 어머니를 배신한다는 죄책감에 시달린다. 어머니와 분리되어 독립된 가정을 꾸리려 할 때마다 "엄마는 너밖에 없다"라는 옛날의 저주가 환청처럼 들려온다. 그래서 그는 무의식적으로 당신과 거리를 두고, 결정적인 순간에 어머니의 품으로 도망친다.

어머니 역시 아들의 독립을 원하지 않는다. 아들을 며느리나 여자친구에게 빼앗기는 것은 남편을 잃는 것과 같은 상실감을 주기 때문이다. 그녀는 아프다거나 외롭다는 핑계로 아들을 끊임없이 불러들이고, 아들은 그 부름을 거부할 힘이 없다. 왜냐하면 그는 평생 그렇게 훈련받아 왔으니까.

당신은 세 번째 바퀴다

이 비극적인 삼각관계 속에서 당신의 위치는 어디일까. 안타깝게도 당신은 이 견고한 모자 사이에 끼어든 불청객 혹은 둘만의 세계에 끼어든 불필요한 존재에 불과할지도 모른다.

그는 당신에게서 어머니가 주지 못한 성적인 만족이나 사회적 파트너로서의 기능을 기대하지만, 정서적인 친밀감과 충성심은 여전히 어머니에게 바치고 있다. 당신이 그에게 "어머니야, 나야?"라고 묻는 것은 그에게 너무나 가혹하고 불가능한 질문이다. 그에게 어머니는 선택의 대상이 아니라, 자신의 존재 그 자체이기 때문이다.

그가 당신의 감정에 공감하지 못하는 이유도 여기에 있다. 그는 평생 어머니 한 사람의 감정을 받아 내느라 정서적 에너지가 고갈된 상태다. 더 이상 타인(당신)의 감정을 수용할 공간이 그에게는 남아 있지 않다. 그는 당신에게 또 다른 어머니가 되어 주길, 즉 자신을 무조건적으로 이해하고 받아 주길 바랄 뿐, 당신의 아픔을 돌볼 여력은 없다.

잘리지 않은 탯줄의 비극

이번 장의 제목이 '끝나지 않은 탯줄 : 감정받이가 된 아이'인 이유는, 그의 탯줄이 한 번도 제대로 잘려 본 적이 없기 때문이다.

건강한 성장은 부모와의 분리를 전제로 한다. 사춘기에 방문을 걸어 잠그고 반항하는 것, 부모의 뜻을 거스르고 자신의 길을 가는 것, 이것들은 모두 건강한 독립을 위한 필수적인 의례다.

하지만 착한 아들인 그는 그 과정을 생략했다. 반항은 불효이고, 분리는 배신이라고 배웠기 때문이다. 그는 어머니를 기쁘게 함으로써 자신의 안정을 찾았지만, 그 대가로 자기 자신을 잃어버렸다.

이제 당신은 알게 되었다. 그가 왜 그토록 텅 비어 있는지. 그의 내면은 어머니의 감정으로 가득 차 있어서, 정작 자기 자신의 감정이 들어설 자리가 없었던 것이다. 그는 어머니의 감정받이로, 대리 배우자로 소비되느라 자신의 인생을 살아 본 적이 없는 사람이다.

이것은 분명 슬픈 이야기다. 그 어린 소년이 겪었을 공포와 외로움에 연민을 느끼지 않을 수 없다. 하지만 동시에 냉정하게 인식해야 한다. 시간이 지나 성인이 된 지금, 그 해결되지 않은 탯줄이 이제는 당신의 목을 조르는 밧줄이 되고 있다는 사실을.

과거의 상처는 이해할 수 있지만, 현재의 고통까지 당연하게 받아들여서는 안 된다. 당신은 그의 어머니를 대신해 그를 돌봐 줄 대리모가 아니며, 그의 탯줄을 대신 끊어 줄 가위도 아니다. 그 탯줄을 끊을 수 있는 유일한 사람은 오직 그 자신뿐이다. 그러나 유감스럽게도, 그는 아직 가위를 들 준비가 되어 있지 않아 보인다.

효도인가,
정서적 근친인가

그와 그의 어머니 사이를 보며 당신이 느꼈던 그 묘한 불쾌감. 단순히 사이좋은 모자 관계를 질투하는 것일까? 심리학은 당신의 직감이 틀리지 않았다고 말한다. 이것은 효도가 아니라 '정서적 근친Emotional Incest'이라 불리는 병리적 현상이다.

1. 대리 배우자Surrogate Spouse가 된 아들

정서적 근친이란, 부모가 배우자에게서 얻어야 할 정서적 친밀감과 지지를 자녀에게서 구하는 행위를 말한다. 성적인 접촉은 없지만, 심리적으로는 자녀를 자신의 '작은 남편' 혹은 '작은 아내'로 삼는 것이다. 남편과의 관계가 소원한 어머니는 아들에게 자신의 외로움과 불행을 토로한다. 어린 아들은 어머니를 구원하기 위해 아버지의 빈자리를 채우는 '대리 배우자' 역할을 자처하게 된다.

2. 효도와 유착Enmeshment의 결정적 차이

많은 사람이 이를 '효심'으로 착각하지만, 건강한 효도와 병리적 유착은 목적이 정반대다.

- **건강한 효도** : 자녀의 '독립'을 전제로 한다. 부모는 자녀가 둥지를 떠나 자신의 가정을 꾸리는 것을 기뻐하고 응원한다.
- **병리적 유착** : 자녀의 '소유'를 전제로 한다. 부모는 자녀의 독립을 자신에 대한 '배신'이자 '유기'로 간주한다.

3. 왜 당신은 외로운가

그는 성인이 되었지만, 심리적인 탯줄은 끊어지지 않았다. 그의 정서적 에너지는 이미 어머니에게 전량 소비되고 있다. 컵에 물이 가득 차 있으면 더 이상 물을 부을 수 없듯, 그의 내면에는 당신을 위한 공간이 남아 있지 않다. 당신이 그에게서 느끼는 소외감은 질투가 아니라, 이미 정서적으로 기혼 상태인 남자(어머니와 결혼한 남자)를 사랑하며 느끼는 필연적인 고독이다. 당신은 연인이 아니라, 그 견고한 커플 사이에 끼어든 '제삼자'가 된 것이다.

07

'효자'라는 이름의
절대 방패

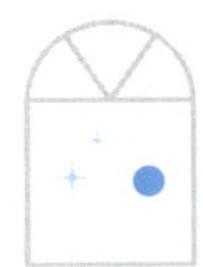

그동안 마음속에 차곡차곡 쌓아 두었던 서운함을 꺼내기로 결심한 날을 떠올려 보자. 당신은 며칠 전부터 머릿속으로 수없이 시뮬레이션을 돌렸다. 감정적으로 보이지 않기 위해, 그를 비난하는 것처럼 들리지 않기 위해 단어를 고르고 또 골랐을 것이다. 당신이 원한 것은 싸움이 아니라, 관계의 균형을 맞추기 위한 건강한 대화였으니까.

"자기야, 우리가 데이트할 때 어머님 전화를 너무 오래 받거나, 주말 계획이 어머님 때문에 갑자기 바뀌는 일이 잦은 것 같아. 나는 그럴 때마다 내가 당신에게서 밀려나는 기분이 들어. 우리 시간도 좀 더 소중하게 여겨 줬으면 좋겠어."

떨리는 목소리로 겨우 꺼낸 진심 앞에서, 당신은 그가 미안해하거나 적어도 고민하는 기색을 보일 거라 기대했다. 하지만 돌아온 반응은 당신의 예상 시나리오에 전혀 없던 것이었다. 그는 당황하거나 사과하는 대신, 차갑게 식은 눈으로 당신을 응시하며 묻는다.

“그래서? 내가 우리 엄마한테 잘하는 게 문제라는 거야?”

논점을 이탈시키는 절대 무기

이 한마디로 대화의 판은 순식간에 뒤집힌다. 당신은 분명 ‘두 사람의 관계’와 ‘시간의 우선순위’에 대해 이야기했는데, 그는 이것을 ‘효도에 대한 공격’으로 받아친다. 대화의 프레임이 ‘서운한 연인 vs 무심한 연인’에서 ‘효자 vs 효도를 방해하는 나쁜 여자’의 구도로 재편되는 순간이다.

우리 사회에서 효는 그 누구도 감히 건드릴 수 없는 성역이다. 부모님께 잘하는 것은 인간의 도리이자 으뜸가는 미덕으로 여겨진다. 그는 이것을 본능적으로 알고 있다. 자신이 ‘효자’라는 타이틀을 거머쥐고 있는 한, 그 어떤 논리나 호소도 자신을 이길 수 없다는 것을.

그는 당신의 입을 막기 위해 가장 도덕적이고 숭고한 가치를 방패로 삼는다. 당신이 아무리 합리적인 불만을 제기해도, 효라는 방패 앞에서는 그저 부모와 자식 사이를 이간질하는 이기적인 투정으로 튕겨 나갈 뿐이다.

“어머니가 몸도 편찮으시고 적적해하시는데, 자식 된 도리로 그 정도도 못 해 드려?”

“우리 부모님은 나를 위해 평생을 희생하셨어. 그런데 너는 고작 데이트 시간 좀 줄어든다고 불평하는 거야?”

이 교묘한 화법 앞에서 당신은 말문이 막힌다. 아니라고 부정하자니 효도를 반대하는 패륜아가 되는 것 같고, 그렇다고 인정하자니 당신의 고통은 영원히 해결되지 않을 것 같다. 그는 논점을 흐리고 죄책감을 유발하여 당신을 도덕적인 딜레마에 빠뜨리는 데 성공한다.

효자 코스프레의 이중성

그렇다면 그가 정말로 부모님을 끔찍이 생각해서 그러는 것일까? 냉정하게 들여다보면 꼭 그렇지만은 않다. 진짜 효도는 부모님의 마음을 편안하게 해 드리고, 자신의 삶을 잘 꾸려나가 부모님께 걱정을 끼치지 않는 것이다.

하지만 그의 효도는 무언가 강박적이고 보여 주기식인 경우가 많다. 그는 어머니의 사소한 요구에는 즉각 반응하면서도, 정작 어머니와의 깊은 정서적 교감이나 실질적인 부양 책임 앞에서는 회피적인 태도를 보이기도 한다. 밖에서는 세상 둘도 없는 효자처럼 굴지만, 집 안에서는 어머니에게 짜증을 내거나 투정을 부리는 이중적인 모습을 보이기도 한다.

그에게 효자란 하나의 정체성이자, 사회적으로 인정받기 위한 수단이다. 그는 남들에게 "아유, 아드님이 어쩜 저렇게 착해"라는 말을 듣는 것에 중독되어 있다. 그 칭찬은 그의 빈약한 자존감을 채워 주는 가장 손쉬운 연료다.

문제는 그가 이 착한 아들 이미지를 유지하기 위해 드는 비용을 당신에게 청구한다는 점이다. 그는 어머니에게 잘해 드려야 하는 시간과 에너지를 당신과의 관계에서 빼앗아 온다. 그리고 당신이 그에 대해 불만을 표하면, "네가 이해심이 부족해서 내가 효도를 못 한다"라며 책임을 전가한다. 그는 자신의 도덕적 우월감을 지키기 위해 당신을 속 좁은 사람으로 만드는 것을 서슴지 않는다.

죄책감이라는 감옥

그와의 논쟁이 끝나고 나면, 상처받은 것은 당신인데도 사과하는 쪽은 늘 당신이 된다.

"미안해, 내가 생각이 짧았어. 어머님 편찮으신데 내가 배려를 못 했네."

당신은 스스로를 검열한다.

'그래, 효자는 좋은 거지. 부모님께 잘하는 사람이 나중에 배우자한테도 잘한다고 하잖아. 내가 너무 욕심을 부렸나 봐.'

사회가 주입한 통념과 그가 심어 준 죄책감이 당신의 이성을 마비시킨다. 당신은 자신의 정당한 욕구를 이기심으로 착각하게 되고, 착한 여자친구가 되기 위해 침묵을 선택한다.

이것이야말로 그가 노리는 바다. 그는 당신의 죄책감을 먹고 자란다. 당신이 죄책감을 느낄수록 그는 더 당당하게 어머니를 우선순위에 두고, 당신을 그 뒷전으로 밀어낼 명분을 얻는다. "내 여자친구는 착해서 다 이해해 줘"라는 그의 말은 칭찬이 아니라, 당신이 자신의 통제 하에 완벽하게 들어왔음을 확인하는 안도감의 표현이다.

건강한 효도와 병든 애착의 차이

이제 우리는 진짜 효도와 병든 애착을 구분해야 한다. 건강한 성인 남성에게 효도란, 독립된 가정을 꾸린 후 남는 여력으로 부모님을 챙기는 것이다. 그의 1순위는 언제나 현재의 파트너와 자신이 꾸린 가정이어야 한다. 부모님은 존경과 사랑의 대상이지, 삶의 중심축이 아니다.

만약 부모님이 파트너를 힘들게 하거나 관계에 지나치게 개입하려 한다면, 건강한 남자는 부모님에게 정중하지만 단호하게 선을 긋는다.

"어머니, 그건 저희가 알아서 결정할게요", "제 아내가 불편해하니 그런 말씀은 삼가 주세요"라고 말하는 것이 진짜 어른의 효도다. 부모에게서 독립하여 자신의 가정을 지키는 모습을 보여 드리는 것, 그리하여 부모님이 자식을 믿고 놓아주게 만드는 것.

하지만 당신 곁의 그는 반대다. 그는 부모님(주로 어머니)과 한 몸처럼 유착되어 있어, 어머니의 뜻을 거스르는 것을 상상조차 하지 못한다. 그에게 어머니와 당신 사이의 갈등은 조율해야 할 문제가 아니라 어머니를 공격하는 당신을 막아야 할 전쟁이다. 그는 당신을 보호막으로 삼아 어머니의 간섭을 막아 내는 것이 아니라, 효라는 방패 뒤에 숨어 당신이 어머니의 뜻에 굴복하기를 종용한다.

이것은 효도가 아니다. 이것은 분리 불안이고 의존이며, 아직 젖을 떼지 못한 아이의 생존 본능일 뿐이다. 그는 어머니 없이는 세상을 살아갈 자신이 없는 나약한 존재이기에 그토록 필사적으로 효자라는 껍데기에 매달리는 것이다.

방패 뒤에 숨은 겁쟁이

당신이 싸우고 있는 상대는 거창한 유교적 가치관이나 숭고한 도덕심이 아니다. 그저 엄마 치마폭에서 벗어나는 것이 두려워, 가장 가까운 사람인 당신에게 비겁하게 구는 한 남자일 뿐이다.

효자라는 단어에 위축되지 마라. 그 단어는 그가 자신의 미성숙함과 책임 회피를 정당화하기 위해 갖다 붙인 그럴싸한 라벨에 불과하다.

진짜 사랑하는 사람이라면, 그리고 진짜 건강한 인격을 가진 사람이라면, 효도와 사랑 사이에서 균형을 잡으려 노력한다. 부모님을 챙기느라 당신을 외롭게 했다면, "효도하느라 그런 거니 네가 참아"라고 윽박지르는 대신 "미안해, 내가 중간에서 조율을 잘 못했네. 많이 서운했지?"라고 사과하는 것이 정상이다.

그가 '효'라는 절대 반지를 끼고 휘두를 때, 당신은 무력감을 느낄 수 있다. 하지만 기억해야 한다. 그 반지는 그를 영웅으로 만들어 주는 것이 아니라, 그가 영원히 어른이 되지 못하게 만드는 저주받은 족쇄라는 사실을.

그 방패 뒤에 숨어 당신을 비난하는 그의 모습은 효심 깊은 아들의 모습이 아니라, 스스로 결정하고 책임지는 것이 두려워 엄마 뒤에 숨어 여자친구를 손가락질하는 덩치 큰 어린아이의 모습일 뿐이다. 그 초라한 실체를 직시하는 순간, 당신을 짓누르던 죄책감의 무게는 한결 가벼워질 것이다. 당신은 효도를 방해하는 나쁜 사람이 아니다. 그저 미성숙한 남자와 그가 만들어 낸 기형적인 관계 속에서 고군분투하고 있는, 지극히 정상적인 감정을 가진 사람일 뿐이다.

부재하는 아버지와 남성성의 결핍

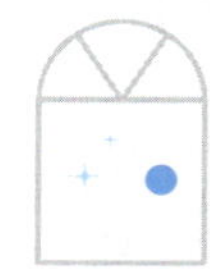

　한 남자가 건강한 성인으로 자라나기 위해서는 두 번의 탄생이 필요하다고 한다. 첫 번째는 어머니의 몸에서 태어나는 생물학적 탄생이고, 두 번째는 어머니의 품을 떠나 아버지(혹은 남성적 역할 모델)의 세계로 들어가는 심리적 탄생이다.

　아버지는 아들에게 있어 세상으로 나가는 첫 번째 관문이자, 어머니라는 따뜻하지만 질식할 것 같은 우주로부터 자신을 분리해 줄 유일한 구원자다. 아들은 아버지를 통해 규율과 질서를 배우고, 감정을 절제하며 책임을 지는 법을 익힌다. 무엇보다 "엄마와 나는 다른 사람이다"라는 분리의 감각을 획득한다.

　하지만 당신 곁의 그에게는 이 두 번째 탄생을 이끌어 줄 안내자가 없었다. 그의 가정에서 아버지는 물리적으로 없었거나, 있었더라도 정서적으로는 유령이나 다름없는 존재였다.

투명 인간 혹은 폭군이었던 아버지

내현적 나르시시스트가 자라 온 환경을 들여다보면, 아버지의 존재감은 극단적으로 희미하거나 반대로 지나치게 부정적이다.

어떤 아버지는 일에 중독되어 가정에 무관심했다. 그는 돈을 벌어 오는 기계였을 뿐, 아들의 눈을 맞추고 놀아 주거나 고민을 들어 주는 따뜻한 멘토가 되어 주지 못했다. 아들이 기억하는 아버지의 모습은 늦은 밤 술에 취해 들어오는 뒷모습이나, 주말 내내 소파에 누워 TV만 보는 무기력한 등짝뿐이다.

또 어떤 아버지는 폭군이었다. 자신의 감정을 통제하지 못하고 아내와 자식에게 소리를 지르거나 폭력을 휘둘렀다. 아들에게 아버지는 닮고 싶은 롤 모델이 아니라, 지켜 주고 싶은 어머니를 괴롭히는 적이자 공포의 대상이었다. 그는 무의식적으로 맹세했을 것이다.

"나는 절대로 아버지 같은 남자가 되지 않겠다."

이런 환경에서 자란 아들은 남성성에 대해 왜곡된 인식을 갖게 된다. 그에게 남성성이란 무책임한 회피 아니면 폭력적인 지배 둘 중 하나다. 건강한 남성성, 즉 가족을 보호하고 책임을 지며 갈등을 합리적으로 해결하는 모델을 경험해 본 적이 없기 때문이다.

롤 모델의 부재가 만든 '영원한 소년'

아버지가 비워 둔 자리는 어머니의 영향력으로 채워진다. 아버지가 부재할 때, 어머니는 아들을 자신의 남편이자 보호자로 삼으려 한다. 아들은 아버지에게서 배워야 할 분리와 독립 대신, 어머니에게서 융합과 의존을 배운다.

그 결과 그는 나이는 먹었지만 내면은 여전히 사춘기 이전의 소년에 머물러 있는 영원한 소년이 된다. 몸은 성인 남성이지만, 심리는 탯줄을 끊지 못한 어린아이다. 이 소년성은 연애 초기에는 모성애를 자극하는 매력으로 다가올 수도 있다. 순수해 보이고, 챙겨 주고 싶은 마음이 들게 하니까.

하지만 관계가 깊어지고 현실적인 문제들을 마주하게 될 때, 이 소년성은 재앙이 된다. 그는 갈등 상황에서 어른처럼 대처하지 못한다. 문제가 생기면 숨어 버리거나(회피), "엄마한테 물어볼게"라며 권위를 양도하거나(의존), 당신이 알아서 해결해 주기를 바라며 입을 닫아 버린다(수동성).

그는 리더십을 발휘하는 것을 두려워한다. 리더십에는 책임이 따르기 때문이다. 그는 평생 누군가(어머니)가 짜 준 대본대로 살아왔기에, 스스로 인생의 핸들을 잡고 운전하는 법을 모른다. 그래서 당신과의 관계에서도 조수석이나 뒷좌석에 앉아 있기를 고집한다. 당신이 운전대를 잡고 가다가 길을 잃으면, 그는 당신을 비난하거나 불안해할 뿐 함께 지도를 보며 길을 찾으려 하지 않는다.

남성성의 왜곡
: 마초 아니면 초식남

아버지의 부재는 그의 남성성 표현 방식을 극단적으로 만든다.

어떤 이들은 자신의 연약함을 감추기 위해 과도한 마초 흉내를 낸다. 밖에서는 으스대고, 작은 무시도 참지 못하며, 여성(당신) 위에 군림하려 든다. 하지만 그 강한 척하는 껍데기 속에는 겁에 질린 어린아이가 떨고 있다. 그의 허세는 "나를 무시하지 마"라는 방어기제일 뿐이다.

반대로 어떤 이들은 초식남이 되어 버린다. 갈등 자체를 극도로 혐오하고, 수동적이고 유약한 태도로 일관한다. 당신이 리드해 주기를 바라고, 당신에게 정서적으로 기생하려 한다. 그는 "나는 아버지처럼 폭력적인 사람은 아니잖아"라는 것을 도덕적 우월감으로 삼지만, 사실은 책임을 지지 않으려는 비겁함을 착함으로 포장하고 있을 뿐이다.

어느 쪽이든 본질은 같다. '자신의 삶과 가정을 책임질 수 있는 단단한 자아'가 없다는 것이다.

그는 무의식적으로 당신에게서 자신이 가지지 못한 '아버지'와 '어머니'의 역할을 동시에 기대한다.

그는 당신이 어머니처럼 자신을 무조건 수용하고 돌봐 주기를 바란다. 동시에 당신이 아버지처럼 인생의 난관을 해결해 주고, 결정을 내려 주며, 자신을 이끌어 주기를 바란다. 당신은 그의 연인이어야 하는데, 어느새 그의 보호자, 멘토, 심지어 상담사 역할까지 떠안게 된다.

당신이 힘들어서 "나도 기대고 싶어"라고 말하면, 그는 당황한다. 그에게 당신은 '기댈 수 있는 강한 존재'여야 하기 때문이다. 당신의 약한 모습은 그를 불안하게 만든다. 그는 당신을 보호해 줄 능력이 없으며, 그럴 의지도 없기 때문이다. 그는 당신이 쓰러지면 일으켜 세워 주는 것이 아니라 "왜 너까지 나를 힘들게 해?"라며 도망칠 사람이다.

채워지지 않는 빈자리

안타깝게도 아버지의 부재가 남긴 구멍은 당신이 채워 줄 수 있는 것이 아니다. 그것은 남성 세계의 질서 안에서 혹은 스스로 세상과 부딪히며 깨지는 과정에서 그가 직접 메워야 할 영역이다.

당신이 아무리 그를 사랑하고 헌신해도, 당신은 그에게 아버지가 되어 줄 수는 없다. 당신이 그를 위해 모든 문제를 해결해 줄수록, 그는 더욱 무력해지고 의존적인 아이로 남을 뿐이다.

그의 우유부단함, 회피 성향, 책임감 결여는 당신이 사랑을 덜 주어서 생긴 문제가 아니다. 그것은 그가 성장 과정에서 마땅히 획득해야 했을 남성적 자아의 척추가 형성되지 않았기 때문이다.

뼈가 없는 연체동물에게 직립 보행을 기대할 수는 없다. 흐물거리는 그를 억지로 일으켜 세우려다 당신의 허리가 부러질지도 모른다. 이제 그를 일으켜 세우려던 손을 놓고, 냉정하게 바라보아야 한다. 그가 이 관계를, 그리고 자신의 인생을 지탱할 힘이 있는지. 아니면 영원히 누군가의 등에 업혀 가려고 하는지.

가면 뒤의 공허함

: 자아가 없는 남자의 비극

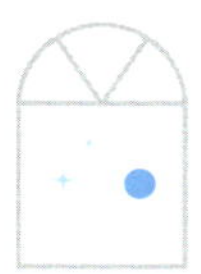

연극이 끝난 뒤의 텅 빈 무대를 상상해 본 적이 있는가. 화려했던 조명이 꺼지고, 관객들의 박수 소리가 잦아들고, 배우들이 모두 분장실로 돌아간 뒤의 적막한 공간. 그곳에는 아무것도 없다. 오직 먼지와 어둠, 그리고 조금 전까지 그곳에 무언가 존재했었다는 희미한 잔상만이 떠돌 뿐이다.

이 텅 빈 무대가 바로 그 사람의 내면과 같다.

사람들은 흔히 그를 두고 "속이 깊다", "진국이다"라고 칭찬한다. 하지만 그와 가장 가까이에서 호흡해 온 당신은 알고 있다. 그 깊어 보이는 침묵이 실은 묵직한 내공이 아니라, 그저 텅 비어 있어서 울리는 공명음일 뿐이라는 사실을. 당신이 그의 마음속으로 들어가려 할 때마다 느꼈던 그 기이한 서늘함은 악의가 아니라 부재에서 오는 공포였다.

삶을 연기하는 자

그는 아주 어릴 때부터 자신의 욕망을 삭제하는 법을 배웠다. 앞선 장들에서 살펴보았듯이, 그에게 자아라는 존재는 어머니의 기분을 거스르는 위험한 불순물이었다. 살아남기 위해 그는 자신의 감정을 억누르고, 타인(어머니)이 원하는 표정을 짓는 법을 익혔다. 그것은 생존을 위한 처절한 연기 수업이었다.

성인이 된 지금, 그 연기는 그의 제2의 천성이 되었다. 그는 상황에 따라 카멜레온처럼 자신을 바꾼다. 회사에서는 유능한 대리, 집에서는 순종적인 아들, 친구들 사이에서는 털털한 호인, 그리고 당신 앞에서는 다정한 연인. 이 모든 역할극을 완벽하게 수행한다.

문제는 이 수많은 가면 뒤에 숨겨진 진짜 얼굴이 없다는 점이다. 보통의 사람들은 사회적 가면을 쓰고 살아가지만, 혼자 있는 시간이나 가장 친밀한 관계에서는 가면을 벗고 자신의 본모습으로 돌아온다. 피곤하면 짜증을 내기도 하고, 남들이 뭐라 하든 자신이 좋아하는 엉뚱한 취미에 몰두하기도 하며, 사회적 통념과는 다른 자신만의 고집을 부리기도 한다. 이것이 자아다.

하지만 내현적 나르시시스트인 그에게는 돌아갈 본모습이 없다. 가면을 벗으면 그 뒤에는 허공만이 존재한다. 그는 자신이 무엇을 좋아하는지, 무엇을 싫어하는지, 어떤 가치관을 가지고 사는지 스스로도 모른다. 그의 취향은 유행을 따르거나 타인에게서 빌려 온 것이고, 그의 의견은 대세에 편승한 것일 뿐이다.

그가 당신에게 "뭐 먹을래?", "어디 갈래?"라고 끊임없이 묻는 이유는 당신을 배려해서가 아니라 자신에게는 아무런 선호가 없기 때문이다. 메뉴 하나를 고르는 것조차 그에게는 누군가의 욕망을 거울처럼 비추는 행위여야만 한다.

타인의 시선은 그를 숨 쉬게 하는 산소다

자아가 없는 사람은 스스로 에너지를 만들어 내지 못한다. 내면에 발전소가 없기 때문이다. 그래서 그는 필연적으로 외부의 에너지에 기생해야 한다. 그에게 타인의 시선과 관심, 인정은 그를 살아 있게 만드는 산소와 같다.

그가 그토록 SNS에 집착하거나, 남들에게 보이는 이미지에 목숨을 거는 이유가 여기에 있다. '좋아요' 개수, '멋지다'라는 댓글, 주변 사람들의 부러워하는 시선. 이것들이 공급될 때만 그는 비로소 자신이 존재하는 것 같은 안도감을 느낀다. 반대로 타인의 관심이 끊기거나 비난받는 순간, 그는 바람 빠진 풍선처럼 쭈그러든다. 단순히 기분이 나쁜 게 아니라 존재 자체가 소멸할 것 같은 공포를 느끼는 것이다.

그에게 당신은 어떤 존재일까. 잔인하게 들리겠지만, 당신은 그에게 사랑의 대상이기 전에 그의 텅 빈 자아를 채워 줄 가장 확실한 연료 공급원이자 거울이다.

그는 당신의 눈동자에 비친 자신의 완벽한 모습을 사랑한다. 당신이 그를 바라보며 감탄하고, 사랑해 주고, 필요로 할 때, 그는 당신을 통해 자기 자신을 본다.

"이렇게 멋진 여자가 사랑하는 걸 보니, 나는 꽤 괜찮은 남자인가 봐."

그는 당신을 사랑하는 것이 아니라, 당신에게 사랑받는 자기 자신에게 도취되어 있는 것이다.

거울 속에는 아무도 없다

연애 초기에 당신이 느꼈던 그 강렬한 이끌림, 운명을 만난 듯한 기분을 기억하는가. 《운명이라는 착각(북스고, 2025)》에서 언급했듯이 그것은 그가 당신의 영혼을 알아봐서가 아니라, 당신의 욕망을 완벽하게 미러링Mirroring했기 때문이다.

그는 당신이 듣고 싶어 하는 말을 정확히 알고, 당신이 보고 싶어 하는 모습을 연기했다. 당신이 지적인 남자를 원하면 지적인 척을 했고, 따뜻한 남자를 원하면 따뜻한 척을 했다. 자아가 없기에 가능한 일이다. 자기 색깔이 뚜렷한 사람은 타인에게 자신을 온전히 맞추지 못한다. 하지만 투명한 물은 어떤 그릇에 담기느냐에 따라 색상을 자유자재로 바꿀 수 있다. 당신은 그 투명함에 속아 그가 나와 꼭 맞는 사람이라고 착각했을 뿐이다.

하지만 시간이 지나 미러링의 마법이 풀리면, 당신은 거울 뒤의 공허함과 마주하게 된다. 깊은 대화를 나누고 싶어 그에게 다가가지만, 그는 앵무새처럼 피상적인 말만 되풀이하거나 입을 닫아 버린다. 자신의 내면을 보여 주지 않는 것이 아니라, 보여 줄 내면이 없는 것이다.

그와 함께 있으면 혼자 있을 때보다 더 외로운 이유가 바로 이것이다. 관계란 두 개의 독립된 자아가 만나 서로 부딪히고 스며드는 과정인데, 당신 앞에는 교감할 대상이 없다. 당신은 허공에 대고 말을 걸고, 벽을 안고 있는 셈이다.

사랑할 주체의 부재

우리는 흔히 "그가 나를 진심으로 사랑하지 않아서 그래"라고 결론을 내리며 괴로워한다. 하지만 문제는 사랑의 크기가 아니다. 사랑할 '주체'가 없다는 것이 문제다.

사랑은 고도의 자아 기능을 필요로 한다. 나를 알고, 너를 알고, 그 차이를 인정하며 책임을 지는 행위다. 하지만 자아가 발달하지 못한 어른 아이인 그는 사랑할 능력이 없다. 그가 할 수 있는 것은 사랑 흉내 내기 혹은 사랑받기 위한 재롱떨기뿐이다.

그는 당신을 사랑할 수 없다. 자기 자신조차 사랑하지 못하

기 때문이다. 그가 사랑하는 것은 '남들에게 보여지는 나', '효
자 노릇을 하는 나', '완벽한 연인 역할을 하는 나'라는 허상들
뿐이다. 그 허상들을 유지하기 위해 당신을 소모품으로 쓸 뿐
이다.

비극의 주인공은 그가 아니라 당신이다

자아가 없는 남자의 삶은 그 자체로 비극이다. 평생을 타인
의 시선이라는 감옥에 갇혀, 단 한 번도 자기 자신으로 살아 보
지 못하고 생을 마감할 테니까. 그는 죽는 순간까지도 어머니
가 짜 준 대본대로 혹은 세상이 요구하는 역할대로 연기하다
퇴장할 것이다.

하지만 더 큰 비극은, 그 공허한 연극 무대 위로 당신이 끌
려 올라갔다는 사실이다. 당신은 그가 연출한 무대 소품이 되
어 그의 텅 빈 내면을 채우기 위해 당신의 생명력을 땔감으로
태우고 있다.

이제 그를 불쌍히 여기는 것을 멈춰야 한다. '내가 그를 채워
줄 수 있지 않을까?', '나의 사랑으로 그에게 자아를 찾아 줄 수
있지 않을까?'라는 생각은 위험한 오만이다. 밑 빠진 독은 물을
붓는다고 채워지지 않는다. 독 자체가 깨져 있기 때문이다.

그가 보여 주는 그 쓸쓸하고 공허한 눈빛에 속지 마라. 그것
은 깊은 고뇌가 아니라, 아무것도 없다는 표시다. 당신이 사랑

한 남자는 실존하지 않는다. 당신은 그가 만들어 낸 환영을 사랑했고, 그 환영이 걷힌 자리에는 텅 빈 껍데기만 남아 덜그럭거리고 있을 뿐이다.

그 껍데기를 끌어안고 당신의 온기를 나눠 주려 하지 마라. 그 차가운 공허함은 당신의 온기마저 싸늘하게 식혀 버릴 것이다. 당신이 해야 할 일은 그 빈방에 가구를 채워 넣는 것이 아니라, 그 춥고 어두운 집에서 걸어 나오는 것이다. 당신에게는 당신과 온기를 나눌 수 있는, 따뜻한 피가 흐르는 진짜 사람이 필요하다.

10

소유하되
욕망하지 않는다
{ 왜곡된 성과 사랑 }

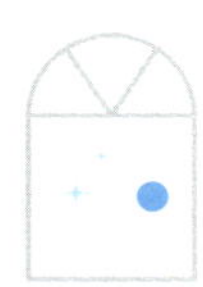

연인 관계에서 성Sex이란 단순히 육체적인 쾌락을 나누는 행위가 아니다. 그것은 "나는 당신을 원한다"라는 가장 원초적이고 강렬한 인정이자, 두 사람이 세상에 둘도 없는 친밀한 관계임을 확인하는 몸의 대화다. 사랑받고 있다는 느낌은 따뜻한 말 한마디에서도 오지만, 나를 뜨겁게 바라보는 상대방의 눈빛과 체온에서도 온다.

그러나 당신 곁의 그, 착한 아들과의 관계에서는 이 당연한 공식이 성립하지 않는다.

연애 초기의 짧은 열정Love Bombing이 지나가고 나면, 그는 기이할 정도로 빠르게 성적인 흥미를 잃어버린다. 당신은 여전히 매력적이고 그를 사랑하는데, 그는 "피곤하다", "스트레스가 많다", "가족끼리 그러는 거 아니다"라는 농담 섞인 핑계를 대며 당신을 밀어낸다. 침대 위에는 보이지 않는 휴전선이 그어지고, 당신은 등 돌리고 누운 그의 뒷모습을 바라보며 깊은 수치심과 자기혐오에 빠진다.

‘내가 매력이 없나? 내가 살이 쪄서 그런가? 아니면 그에게 다른 여자가 생긴 걸까?’

당신은 거울 앞에 서서 자신의 몸을 점검하고, 혹시 모를 그의 외도를 의심해 보기도 한다. 하지만 아이러니하게도 그는 당신 곁을 떠나지 않는다. 오히려 당신이 다른 이성과 눈만 마주쳐도 불같이 질투하고, 당신을 자신의 영역 안에 가두려 든다.

당신을 뜨겁게 원하지도 않으면서, 절대로 놓아 주지도 않는 이 모순. 소유하되 욕망하지 않는 이 기형적인 태도는 도대체 어디서 오는 것일까.

친밀해질수록 사라지는 욕망
: 마돈나 성적 대상 콤플렉스의 변형

이 수수께끼를 풀기 위해서는 다시 그의 무의식 깊은 곳, 어머니와의 관계가 형성된 그 지점으로 돌아가야 한다.

심리학에는 ‘마돈나 성적 대상 콤플렉스Madonna-Whore Complex’라는 개념이 있다. 남성이 여성을 ‘성녀(어머니)’와 ‘성적 대상(성 노동자)’이라는 두 가지 극단적인 범주로만 나누어 인식하는 심리를 말한다. 보통은 존경하는 여성에게는 성욕을 느끼지 못하고, 성적으로 타락했다고 여기는 여성에게만 흥분하는 증상으로 설명된다.

착한 아들인 그의 내면은 이 기제가 조금 더 복잡하고 은밀하게 변형되어 작동한다. 그에게 있어 '가장 친밀하고 소중한 여성'의 원형은 어머니다. 어린 시절부터 어머니와 정서적 근친Emotional Incest 상태로 살아온 그에게, 깊은 정서적 유대감은 곧 '어머니와의 관계'를 연상시킨다.

문제는 여기서 발생한다. 인간의 무의식에는 근친상간에 대한 강력한 금기Taboo가 새겨져 있다. 어머니(혹은 어머니처럼 느껴지는 대상)에게 성욕을 느끼는 것은 도덕적으로, 심리적으로 끔찍한 죄악이다.

당신과의 관계가 깊어지고, 서로를 가족처럼 의지하게 되는 순간, 그의 무의식은 비상벨을 울린다.

"이 여자는 가족이다. 가족은 어머니와 같은 존재다. 그러므로 이 여자와 성적인 행위를 하는 것은 위험하다."

그가 농담처럼 던지는 "가족끼리 왜 이래"라는 말은 단순한 유머가 아니다. 그의 무의식 속에 자리 잡은 친밀감이자, 성적 거세의 공식을 보여 주는 뼈아픈 진실이다. 그가 당신을 아끼고 사랑할수록, 당신을 소중한 가족(어머니의 대리자)으로 인식할수록, 역설적으로 당신을 향한 성적 욕망은 차단된다. 그에게 사랑과 욕망은 양립할 수 없는 물과 기름이기 때문이다.

죄책감 없는 섹스는 없다

그의 성적 에너지가 억압된 또 다른 이유는 죄책감이다. 어머니와 유착된 아들은 무의식적으로 어머니를 자신의 심리적 배우자로 여긴다. 그런 그가 다른 여성(당신)과 육체적으로 깊이 결합하는 것은 어머니를 배신하고 바람을 피우는 행위와 같은 죄책감을 유발한다.

물론 그는 이성적으로는 자신이 성인이고 연애할 자유가 있다는 것을 안다. 하지만 몸은 거짓말을 하지 않는다. 결정적인 순간에 발기 부전이 오거나, 성행위 도중 집중하지 못하거나, 행위를 최대한 빨리 끝내고 싶어 하는 회피 반응은 그의 몸이 "이것은 옳지 않다"라고 거부하고 있다는 신호다.

그는 이 죄책감을 피하고자 무성욕자가 되기를 자처하거나 혹은 정서적 교감이 전혀 없는 기계적인 배설 행위로 성을 격하시킨다. 당신과 눈을 맞추고 교감하며 나누는 섹스는 그에게 너무나 무겁고 두려운 과제다. 차라리 야동을 보거나, 감정 없는 일회성 만남이 그에게는 더 편안하고 죄책감 없는 해소법일 수 있다.

소유욕
: 사랑이 아니라 통제의 수단

그렇다면 그는 왜 당신을 놓아주지 않는가?

왜 당신이 다른 남자를 만나는 것을 그토록 경계하는가?

그것은 사랑이나 성적 질투가 아니다. 소유욕과 통제욕이다. 나르시시스트에게 연인은 사랑하는 사람이기 이전에, 자신의 자존감을 지탱해 주는 소유물이자 트로피다.

어린아이들이 장난감 상자를 대하는 태도를 생각해 보자. 평소에는 거들떠보지도 않고 구석에 처박아 두었던 장난감이라도, 다른 친구가 와서 만지려고 하면 갑자기 "내 거야!"라고 소리 지르며 빼앗는다. 그 장난감을 가지고 놀고 싶어서가 아니다. 내 소유물이 내 통제를 벗어나는 것을 견딜 수 없기 때문이다.

그에게 당신은 '정상적인 남자임을 증명해 주는 트로피'이자, '언제든 원할 때 정서적 위로를 받을 수 있는 보험'이다. 당신이라는 존재가 그의 곁에 있음으로써 그는 안정감을 느낀다. 하지만 반대로 그는 안정을 위해 당신의 욕망을 채워 줄 생각은 없다.

그의 질투는 "나는 너를 원해"라는 뜻이 아니다. "너는 내 부속품이니까 거기 가만히 있어"라는 명령이다. 당신이 그에게 "나도 여자로서 사랑받고 싶어"라고 호소하면, 그는 당신을 성적인 것만 밝히는 여자로 매도하며 죄책감을 뒤집어씌운다. 이것은 당신의 정당한 욕구를 억압하여 관계의 주도권을 쥐려는 전형적인 가스라이팅이다.

박제된 나비의 기분

이런 관계가 지속되면 당신은 서서히 시들어 간다. 여성으로서의 매력을 확인받지 못한다는 것은 자존감에 치명적인 상처를 남긴다. 예쁜 속옷을 사고, 화장하고, 운동해도 그가 봐주지 않는다면 무슨 소용인가. 당신은 스스로를 매력 없는 존재 혹은 성적 매력이 거세된 '무성적 존재'로 인식하게 된다.

그는 당신을 유리 장식장 안에 든 아름다운 나비처럼 대한다. "너는 너무 소중해", "지켜 주고 싶어"라는 말로 포장하지만, 결국 당신을 박제하여 감상할 뿐 살아 있는 생명체로서 당신의 펄럭이는 욕망과 생명력은 부정한다. 박제된 나비는 안전하지만, 날 수 없고 숨 쉴 수도 없다.

당신은 사랑받고 선택받아야 한다

이 장을 읽으며 얼굴이 화끈거리거나 가슴이 먹먹해졌다면, 그것은 당신이 그동안 혼자 삭여 왔던 수치심 때문일 것이다. 하지만 분명히 말하건대, 부끄러워해야 할 사람은 당신이 아니다.

건강한 성인 남녀의 관계에서 성적 끌림과 욕망은 필수적인 요소다. 서로를 원하고, 만지고 싶어 하고, 그 행위를 통해 깊은 일체감을 느끼는 것은 사랑의 가장 아름다운 권리다.

그가 당신을 욕망하지 않는 것은 당신의 매력이 부족해서가 아니다. 그의 내면에 있는 '어머니'라는 거대한 그림자가 그를 성적 불구로 만들었기 때문이다. 그는 친밀감과 성욕을 통합하지 못하는, 심리적으로 파편화된 사람이다.

당신이 아무리 노력해도, 살을 빼고 성형수술을 해도, 그의 이 근원적인 문제는 해결되지 않는다. 오히려 당신이 노력할수록 그는 더 물러날 것이다. 당신의 노력은 그에게 '요구'와 '압박'으로 느껴질 테니까.

당신에게는 죄가 없다. 당신은 뜨겁게 사랑받을 자격이 있고, 동시에 선택받아야 할 자격이 있다. 그 당연한 권리를 '가족 같은 편안함'이라는 핑계로 박탈당한 채 살아가는 것은 당신의 영혼을 서서히 말라 죽게 하는 일이다.

이제 그 유리 장식장을 깨고 나와야 한다. 당신을 박제된 나비가 아닌 살아서 춤추는 나비로 바라봐 줄 사람, 당신의 몸과 마음을 모두 온전하게 사랑해 줄 수 있는 진짜 어른을 만나야 한다. 텅 빈 방에서 혼자 울며 잠드는 밤은 이제 그만두어도 좋다.

'순수함'이라는
착각에 대하여

우리는 종종 늑대 같은 남자들에게 지쳐, 욕망이 거세된 남자를 보며 '특별하다'고 착각하곤 한다. 그가 나를 성적으로 탐하지 않는 것이 나의 내면을 사랑하는 '순수한 마음'이나 본능을 초월한 '고결한 절제력' 때문이라고 믿고 싶어 하는 것이다. 하지만 이제 생각의 관점을 냉정하게 뒤집어야 한다.

1. 정상Normal의 범주

당신이 지금까지 만나 왔던 혹은 주변에서 보아 왔던 대다수의 건강한 성인 남성이 연인 관계에서 성적 욕망을 표현하고 스킨십을 원했다면, 그것이 바로 '정상'이다. 사랑하는 사람을 만지고 싶고, 안고 싶은 것은 지극히 건강한 생명력의 증거다.

2. 이상Abnormal의 징후

반대로 연인 관계에서 욕망이 거세되어 있거나, 파트너를 돌부처처럼 대하는 것은 '특별한Special' 것이 아니라 '이상한Abnormal' 것이다. 이는 높은 확률로 건강한 애착 형성이나 성적 자아 기능에 '결핍'이 있음을 의미한다.

대다수의 보편적인 행동 양식에서 벗어난 것을 무조건 '특별하다'라고 포장하는 것은 위험하다. 고장 난 나침반을 들고 "남들은 북쪽으로 가지만 나는 나만의 길을 간다"라고 우기는 것과 다르지 않기 때문이다. 그의 차가움은 고결함이 아니다. 그저 당신을 건강한 여성이 아닌, 욕망해서는 안 되는 '어머니의 대용품'으로 보고 있다는 병리적인 신호일 뿐이다. 당신의 아름다움에 반응하지 않는 남자를 찬양하지 마라. 그것은 당신의 매력이 부족해서가 아니라, 그의 수신기가 꺼져 있다는 뜻이니까.

사람들은 종종 자신을 발견하지 못했다고 말
한다. 하지만 자아는 발견하는 것이 아니라
창조하는 것이다.

- 토마스 사즈

퍼 주면 퍼 줄수록 내 안의 우물은 말라 가는데, 채워지는 건 오직 그의 욕망뿐이라는 느낌. 당신의 헌신은 사랑의 증거로 쌓이는 게 아니라, 흔적도 없이 사라지는 연료처럼 소모되고 있다. 이제는 인정하기 고통스러웠던 진실 하나를 마주해야 한다. 당신이 그토록 지키려 애썼던 이 관계의 본질은 사랑이 아니라 착취였다는 사실을.

이 파트에서는 그가 당신을 사랑하는 방식이 아니라, 당신을 사용하는 방식을 들여다본다. 당신의 아픔에 공감하지 못하는 그의 내면, 대화할수록 지쳐 가게 만드는 말의 패턴, 그리고 당신이 행복해질 때마다 교묘하게 찬물을 끼얹는 시기심까지. 착취라는 단어가 가혹하게 들릴 수 있다. 하지만 당신이 느끼는 만성적인 피로감과 자존감 하락은 누군가가 당신을 허락 없이 소모하고 있다는 분명한 신호다.

Part 3

사랑이 아니라 '착취'였다

실체Truth

11

수줍은 괴물

{내현적 나르시시스트의 초상}

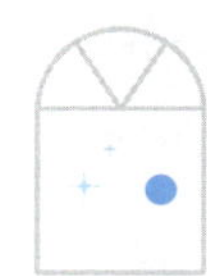

　‘나르시시스트’라는 단어를 들으면 어떤 이미지가 떠오르는가? 아마도 영화나 드라마에서 흔히 보았던, 자신감이 넘치다 못해 오만하고, 화려한 옷을 입고 파티의 중심에 서서 자신의 성공 무용담을 큰 소리로 떠들어 대는 캐릭터를 상상할 것이다. 타인을 노골적으로 무시하고, “나는 잘났어”라고 이마에써 붙이고 다니는 그런 사람들 말이다.

　만약 나르시시스트의 정의가 그것뿐이라면, 당신 곁의 그 남자는 용의선상에서 즉시 제외될 것이다. 정반대의 사람이기 때문이다. 그는 조용하고, 수줍음이 많으며, 자신을 내세우기보다는 한 발짝 뒤로 물러나 있는 겸손한 태도를 보인다. 때로는 자신감이 없어 보이고, 어딘가 우울해 보이는 그를 보면 “저 사람이 자기애성 성격장애라고? 말도 안 돼”라고 반문하게 된다.

　하지만 바로 이 지점이 함정이다. 세상에는 두 종류의 나르시시스트가 있다. 태양처럼 뜨겁게 자신을 과시하는 외현적 Overt 나르시시스트와, 달처럼 차갑게 타인의 에너지를 흡수하는 내현적Covert 나르시시스트다.

　우리가 흔히 떠올리는 나르시시스트가 자신을 과시하고 타인을 공개적으로 깎아내리는 '시끄러운 괴물'이라면, 당신을 병들게 하고 있는 그는 '수줍은 괴물'이다. 그리고 심리학자들은 입을 모아 말한다. 겉으로 드러나는 외현적 유형보다 은밀하게 숨어 있는 내현적 유형이 피해자의 영혼을 파괴하는 데 있어 훨씬 더 치명적이라고.

무대 뒤의 주인공

　외현적 나르시시스트는 무대 중앙에서 조명을 받으며 "나를 숭배하라!"고 외친다. 반면, 내현적 나르시시스트는 무대 구석진 곳, 조명이 닿지 않는 어둠 속에 웅크리고 앉아 있다. 그리고 슬픈 눈으로 이렇게 속삭인다.

　"세상은 나를 이해하지 못해. 나는 너무 특별해서 외로워. 너라면 나를 알아봐 주겠니?"

　그들의 자기애는 '오만함'이 아니라 '피해의식'과 '우울'의 형태로 포장되어 있다. 그들은 자신이 남들보다 우월하다고 믿지만, 세상이 자신의 진가를 알아주지 않는다고 생각하며 억울해한다. "사람들이 너무 멍청해", "세상이 불공평해"라는 말을 달고 살며, 자신을 비운의 주인공으로 설정한다.

　당신은 그 쓸쓸해 보이는 모습에 마음이 움직였을 것이다.

그가 겪은 부당한 세상과 불우한 환경에 연민을 느끼고, '나만이 이 사람을 구원할 수 있다'라는 사명감을 가졌을 것이다. 하지만 그것은 그가 당신을 낚기 위해 던진 미끼였다. 그는 사랑을 원하는 것이 아니라, 연민을 이용하여 자신을 떠받들어 줄 '관객'이자 '보호자'를 구한 것이다.

수동적 공격성
: 침묵이라는 칼

그들이 '착한 사람'처럼 보이는 가장 큰 이유는, 겉으로 드러나는 공격성이 없기 때문이다. 그들은 소리를 지르거나 욕설을 퍼붓지 않는 대신, 훨씬 더 교묘하게 미치게 만드는 방법을 사용한다. 바로 '수동적 공격성Passive Aggression'이다.

당신이 그에게 불만을 표하면, 그는 말대꾸하는 대신 깊은 한숨을 내쉬거나 침묵해 버린다. 당신이 중요한 약속을 상기시키면, 그는 "알았어"라고 대답해 놓고 당일에 "깜빡했다"라며 나타나지 않는다. 청소를 부탁하면 "지금 하려고 했어"라고 짜증을 내거나, 아주 엉망으로 해 놓아서 결국 당신이 다시 하게 만든다.

이것은 실수가 아니다. 의도적인 태업이자 복수다. 그는 당신의 요구를 들어주기 싫지만, "싫어"라고 말해서 나쁜 사람이 되는 것도 원치 않는다. 그래서 겉으로는 수락하는 척하면서,

행동으로는 당신을 좌절시키고 화나게 만드는 방식을 택한다.

당신이 화를 내면 그는 억울하다는 표정으로 말한다.

"일부러 그런 것도 아닌데 왜 화를 내? 너 너무 예민하다."

이 한마디로 당신은 실수한 사람에게 화를 내는 속 좁은 여자가 되고, 그는 실수했지만 억울하게 공격받는 피해자가 된다. 그는 손 안 대고 코를 푸는 격으로 당신을 응징한 셈이다.

영원한 피해자 코스프레

내현적 나르시시스트와의 관계에서 발생하는 모든 갈등의 결말은 언제나 똑같다. 가해자는 그인데, 사과는 당신이 하고 있다.

그는 어떤 상황에서도 자신을 피해자의 위치에 놓는 데 천부적인 재능이 있다. 그가 바람을 피우다 걸렸다고 치자. 보통 사람이라면 무릎 꿇고 빌겠지만, 그는 도리어 눈물을 글썽이며 이렇게 말한다.

"네가 나를 너무 외롭게 했잖아. 내가 얼마나 힘들었으면 그랬겠어? 내 마음은 생각 안 해 줘?"

순식간에 논점은 그의 외도에서 당신의 무심함으로 옮겨간다. 그는 자신의 잘못을 인정하는 순간 느껴질 수치심을 견딜 수 없기에 즉각적으로 책임을 외부(주로 당신)로 투사한다.

그는 자신의 불행한 과거, 아픈 가정사, 직장에서의 스트레스 등 모든 것을 동원해 자신의 잘못을 정당화한다. "우리 엄마가 나를 이렇게 키워서 그래", "전 여자친구한테 상처받아서 그래"라는 이 말들의 속뜻은 하나다.

"나는 상처받은 영혼이니까, 너는 나를 비난하면 안 되고 무조건 받아 줘야 해."

당신은 그 불쌍함이라는 인질극에 사로잡혀 정당한 분노조차 느끼지 못한 채 죄책감에 시달리게 된다.

은밀한 우월감

겉으로는 위축되어 보이지만, 그들의 내면 깊은 곳에는 타인을 경멸하는 은밀한 우월감이 자리 잡고 있다. 그는 대놓고 자랑하지 않지만, 미묘한 뉘앙스로 주변 사람들을 깎아내린다.

"저 사람들은 너무 속물적이야."

"요즘 베스트셀러라는 책들은 깊이가 없어."

그는 대중적인 취향을 무시하고, 자신만이 고상하고 특별한 취향을 가진 것처럼 행동한다. 아무것도 성취하지 않았으면서 세상의 기준을 비웃음으로써, 자신의 초라한 현실을 방어하는 것이다.

이 우월감은 당신에게도 향한다. 연애 초기에는 당신을 이상화하며 치켜세우지만, 시간이 지나면 은근히 당신의 취향이나 생각을 무시하기 시작한다. "너는 참 단순해서 좋겠다", "그런 건 너무 뻔하지 않아?” 식의 말들. 그것은 농담이 아니라, 당신을 자신보다 아래에 둠으로써 자존감을 채우려는 본능적인 시소 놀이다.

수줍은 괴물의 정체

이제 그가 보여 주었던 수줍은 미소와 헌신적인 태도를 다시 해석해 보아야 한다. 그가 당신의 말에 귀 기울였던 것은 당신을 사랑해서가 아니라, 당신을 분석하여 자신의 입맛에 맞게 조종할 데이터를 수집하기 위해서였다. 그가 자신의 상처를 보여 주었던 것은 당신과 친밀해지기 위해서가 아니라, 당신의 동정심을 자극하여 비난의 화살을 피할 방패를 만들기 위해서였다. 그가 조용히 있었던 것은 겸손해서가 아니라, 수동적인 방식으로 당신을 통제하고 벌주기 위해서였다.

그는 소심한 소년이 아니다. 자신의 욕구를 충족시키기 위해 ‘연약함’을 무기로 휘두르는 노련한 사냥꾼이다. 사자가 날카로운 이빨로 사냥한다면, 그는 끈끈이주걱처럼 달콤하고 처연한 액체를 내뿜어 당신이 스스로 걸어 들어오게 만든 뒤, 서서히 진액을 빨아먹는다.

당신이 겪은 그 지독한 피로감은 바로 이 끈끈한 덫에서 벗어나려고 발버둥 치느라 생긴 것이다. 그는 당신이 자신을 떠나지 못하도록 죄책감과 연민이라는 거미줄로 꽁꽁 묶어 두고 있다.

수줍은 괴물. 이것이 당신 곁에 있는 그 남자의 진짜 이름이다. 이 이름을 똑바로 부를 수 있을 때, 비로소 당신을 옥죄고 있던 거미줄이 보이기 시작할 것이다. 그가 불쌍해 보이는가? 아니다. 진짜 불쌍한 것은 그 가면 놀이에 속아 자신의 인생을 바치고 있는 당신 자신이다.

12

그는 당신의 아픔을 모른다
{ 공감 능력의 부재 }

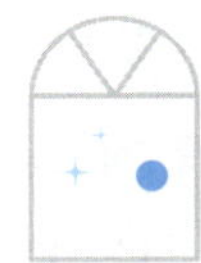

　지독하게 힘든 하루를 보내고 집으로 돌아가는 길을 떠올려 보자. 회사 상사에게 부당한 비난을 들었거나, 믿었던 친구에게 배신당해 마음이 너덜너덜해진 날이다. 무거운 몸을 이끌고 현관문을 열 때, 당신이 연인에게 바라는 것은 대단한 해결책이나 조언이 아니다. 그저 따뜻한 눈빛으로 당신을 바라보며 "오늘 정말 고생 많았지? 이리 와. 안아 줄게"라고 말해 주는 것. 나의 편이 되어 주는 누군가가 이 세상에 존재한다는 그 안도감 하나면 충분했을 것이다.

　하지만 당신과 그의 저녁 풍경은 기대와는 사뭇 다른 방향으로 흘러간다.

　그는 당신의 어두운 표정을 보자마자 대뜸 묻는다.

　"무슨 일 있어? 표정이 왜 그래?"

　여기까지는 관심처럼 들린다. 당신은 그 관심에 용기를 얻어, 억울하고 속상했던 마음을 주저리주저리 털어놓기 시작한다. 그런데 당신의 이야기를 듣는 그의 표정이 점점 묘하게 굳어진다. 당신의 말이 끝나기가 무섭게 혹은 말이 채 끝나기도 전에 그가 입을 연다.

"그래서 부장님이 정확히 뭐라고 했는데? 그건 당신이 업무 보고를 메일로 남겨 두지 않아서 생긴 오해 같은데? 다음부터는 꼭 기록을 남겨."

혹은 이렇게 말하며 대화를 황급히 종결짓는다.

"이미 지나간 일이잖아. 집에서까지 회사 생각하지 마. 스트레스받으면 너만 손해라니까. 얼른 잊고 밥이나 먹자."

순간 당신은 멍해진다. 그의 말이 틀린 건 아니다. 논리적으로는 맞다. 하지만 마음은 오히려 더 차갑게 식어 버린다. 당신은 위로받으러 갔다가, 졸지에 일 처리 미숙한 직원이자 감정 조절 못 하고 징징거리는 예민한 사람으로 판결받고 돌아선 기분이다. 가슴속에 맺힌 응어리는 풀리지 않고, 오히려 그 위에 '이해받지 못함'이라는 또 하나의 돌덩이가 얹어진다.

눈치는 빠르지만 공감은 없다

많은 사람이 오해하는 지점이 있다. 그가 당신의 기분 변화를 기가 막히게 빨리 알아채기 때문에, 그를 공감 능력이 뛰어난 사람 혹은 섬세한 사람이라고 착각하는 것이다. 실제로 그는 당신의 미간이 조금만 찌푸려져도, 목소리 톤이 반음만 낮아져도 귀신같이 알아차린다. "기분 안 좋아? 화났어? 내가 뭐 잘못했어?"라고 끊임없이 묻는다.

하지만 이것은 공감이 아니라 눈치다. 이 둘은 비슷해 보이지만, 그 뿌리와 목적이 완전히 다르다.

공감은 타인의 감정으로 들어가 그 파동을 함께 느끼는 것이다. 당신이 슬프면 그도 가슴 한구석이 아리고, 당신이 억울하면 그도 같이 분노하는 정서적 공명Emotional Resonance이다. 공감의 목적은 상대방과의 연결과 위로에 있다.

반면, 눈치는 생존 본능이다. 정글에 사는 초식동물이 포식자의 발소리를 살피듯, 주변 환경의 미세한 변화를 감지하여 자신의 안전을 도모하는 레이더망이다. 그는 어린 시절, 어머니의 기분을 살피는 것이 생존과 직결되었던 환경에서 자랐다. 어머니가 우울해하면 집안 분위기가 얼어붙었고 자신에게 불똥이 튀거나 비난이 쏟아졌기에, 재빨리 어머니의 기분 상태를 스캔하고 비위를 맞춰야만 했다.

그가 당신의 기분을 살피는 이유도 본질적으로 같다. 당신의 상태를 공감하는 것이 아니다. 당신의 나쁜 기분이 자신에게 미칠 부정적 영향(잔소리를 듣거나, 데이트 분위기가 망가지거나, 자신이 당신을 달래 줘야 하는 귀찮은 상황)을 감지하고, 그 불편한 상황을 빨리 제거하고 싶어서 안테나를 세우는 것이다. 그의 예민한 레이더는 당신의 마음을 향해 있지 않다. 철저히 자신의 안위를 향해 있다.

감정을 '제거해야 할 오류'로 보는 남자

그에게 타인의 부정적인 감정(슬픔, 분노, 우울)은 함께 나누고 소화해야 할 삶의 일부가 아니라, 시스템의 원활한 작동을 방해하는 오류나 소음에 가깝다.

당신이 울거나 화를 낼 때, 그는 당황스러움과 짜증을 동시에 느낀다. 그 감정들은 그가 통제할 수 없는 영역이기 때문이다. 내현적 나르시시스트는 통제광이다. 자신이 예측하고 통제할 수 없는 혼란스러운 상황을 본능적으로 견디지 못한다.

그래서 그는 당신의 감정을 마주하는 대신, '해결책'을 제시한다.

"메일로 근거를 남겨."

"운동해 봐."

"그 친구랑 손절해!"

이것은 당신을 돕기 위한 진심 어린 조언이 아니다. 눈앞에 발생한 문제 상황(당신의 부정적 감정)을 논리적으로 신속하게 종료시키고, 자신의 평온한 일상으로 복귀하기 위해 누르는 '강제 종료 버튼'이다.

만약 해결책을 제시했는데도 당신의 감정이 진정되지 않으면, 그는 태도를 바꿔 '회피'하거나 '비난'을 선택한다.

"너는 너무 감정적이야!"

"좋게 생각하면 되는데 왜 사서 고생을 해?"

"해결책을 줬는데도 왜 계속 울어?"

오류가 해결되지 않으니, 이제는 오류를 일으킨 프로그램 (당신) 자체를 탓하는 것이다. 그는 당신의 감정을 수용할 그릇이 없기에, 그 감정을 쏟아 내는 당신을 '문제 있는 사람'으로 만들어 버림으로써 자신의 무능력을 감추려 한다.

인지적 공감 vs 정서적 공감

물론 그가 아예 공감을 못 하는 것은 아니다. 그에게도 공감 능력은 있다. 단, 그것은 '인지적 공감Cognitive Empathy'에 한정된다.

"아, 저런 상황이면 슬프겠구나", "이럴 때 사람들은 위로를 바라는구나"라는 것을 머리로 학습해서 알고 있다. 데이터베이스에 저장된 지식처럼 감정을 이해하는 것이다. 그래서 연애 초기나 자신이 필요할 때는 아주 훌륭한 연기자처럼 위로하는 척할 수 있다. "저런, 정말 힘들었겠다"라는 적절한 멘트를 날리며 슬픈 표정을 짓는다.

하지만 그 내면에는 아무런 울림이 없다. 이것이 바로 '정서적 공감Emotional Empathy'의 부재다. 그는 당신의 고통을 이해하는 척 연기할 수는 있어도, 그 고통 때문에 당신과 함께 밤잠을 설치거나 당신의 손을 잡고 진심으로 함께 울어 줄 수는 없다. 그의 마음은 유리처럼 매끄러워서 당신의 감정이 스며들지 못하고 미끄러져 내릴 뿐이다.

그가 당신의 슬픔에 진심으로 공감하지 못하는 결정적인

이유는 그 자신이 감정을 느끼는 기능을 차단해 버렸기 때문이다. 어린 시절 자신의 감정이 수용받지 못하고 억압당했던 그는, 감정을 느끼는 것 자체를 '나약함'이나 '불필요한 것'으로 치부하며 살아왔다. 자신의 감정도 돌보지 않는 사람이 타인의 감정을 돌볼 리 만무하다.

당신은 벽에 대고 소리치고 있다

공감 능력이 없는 사람과 연애한다는 것은 완벽한 방음벽이 설치된 독방에 갇혀 소리를 지르는 것과 같다. 당신은 목이 터져라 외치지만, 그 소리는 벽에 부딪혀 다시 당신의 귀로 돌아올 뿐이다.

당신은 끊임없이 설명하려 애쓴다.

"내가 원하는 건 해결책이 아니야. 그냥 내 마음이 이렇다는 걸 알아 달라는 거야."

"그냥 한 번만 안아 주면 되는데, 그게 그렇게 힘들어?"

눈물로 호소하고, 편지를 쓰고, 온갖 비유를 들어 설명한다. '내가 더 잘 설명하면, 더 진심을 다해 말하면 언젠가는 그가 알아듣겠지'라는 희망을 품고.

하지만 안타깝게도 이것은 설명의 부족함 때문이 아니다. 수신기의 고장이 문제다. 그에게는 당신이 보내는 감정의 주파수를 수신할 하드웨어 자체가 없다. 당신이 아무리 명연설을 해도, 그는 그저 멍하거나 짜증 섞인 표정으로 이렇게 말할 뿐이다.

"그래서 결론이 뭐야? 내가 뭘 어떻게 해 주길 바라는데?"

텅 빈 가슴을 가진 남자

그가 당신의 아픔을 모르는 것은 당신을 사랑하지 않아서가 아니다(물론 건강한 사랑도 아니지만). 그에게는 타인의 내면을 담을 공간이 없기 때문이다. 9장(87쪽)에서 이야기했듯, 그의 내면은 건강한 자아 없이 텅 비어 있거나, 오직 자신의 생존과 안위만을 걱정하는 불안으로 꽉 차 있다.

이미 자신의 불안으로 발 디딜 틈 없이 꽉 찬 방에는, 타인의 감정이라는 새로운 가구를 들여놓을 공간이 없다. 바닥이 깨진 컵에는 아무리 물을 부어도 담기지 않는다. 그는 자신의 감정조차 감당하기 버거워 쩔쩔매는 어른 아이다. 그런 그에게 성숙한 어른의 위로와 깊은 정서적 공감을 기대하는 것은 갓 걸음마를 뗀 아기에게 100m 달리기 선수가 되어 달라고 요구하는 것만큼이나 불가능하고 가혹한 일이다.

기대를 멈출 때 비로소 보이는 것들

이제 그에게서 진정한 위로를 받겠다는 기대를 내려놓아야한다. 그 헛된 기대가 당신을 더 비참하고 외롭게 만들기 때문이다. 목마르지 않은 사람에게 물을 달라고 애원해 봤자 돌아오는 것은 "너는 왜 이렇게 목말라해? 유난 떨지 마"라는 핀잔뿐이다.

그의 차가운 반응에 더 이상 상처받지 마라. 그것은 당신의 고통이 가벼워서가 아니다. 당신의 슬픔이 타당하지 않아서가아니다. 단지 그가 고통의 무게를 잴 줄 모르는 고장 난 저울을 가졌기 때문이다. 맛을 모르는 사람에게 초콜릿의 달콤함을 설명할 수 없듯, 공감 능력이 결여된 그에게 당신의 섬세한 감정을 이해시키는 것은 불가능하다.

그는 당신의 아픔을 모른다. 그리고 앞으로도 모를 것이다. 이 서늘하고 아픈 진실을 뼈저리게 인정할 때, 당신은 비로소 그에게 구걸하던 위로를 멈추게 된다. 그리고 스스로 눈물을 닦을 손수건을 찾게 될 것이다.

당신의 감정은 그에게 이해받아야만 비로소 가치 있는 것이 아니다. 그가 몰라준다 해도, 당신의 슬픔과 기쁨은 그 자체로 이미 충분히 소중하고 타당하다. 이제 그에게 향하던 시선을 거두어 홀로 울고 있는 당신을 바라봐 주어야 할 시간이다.

당신의 눈물을 보고도
냉정한 이유

당신은 혼란스럽다. 연애 초기에는 작은 기침 소리에도 약을 사들고 달려오던 그가, 정작 당신이 마음의 고통을 호소하며 울 때는 무표정하게 팔짱을 끼고 바라보기 때문이다. 그는 다정한 사람인가, 냉혈한인가? 심리학은 그 답을 두 가지 공감의 차이에서 찾는다.

1. 인지적 공감Cognitive Empathy : 머리로만 아는 슬픔

"아, 저 사람은 지금 슬프구나"라고 지적으로 파악하는 능력이다. 나르시시스트는 이 능력이 매우 뛰어나다. 그는 당신의 표정, 말투, 상황을 데이터처럼 분석하여 당신의 기분을 재빨리 알아챈다(눈치). 하지만 이것은 상대를 위로하기 위해서가 아니라, 상대를 파악하고 조종하기 위한 정보 수집에 가깝다. 그가 연애 초기에 보여 준 완벽한 위로는 이 뛰어난 인지적 공감 능력을 활용한 연기였다.

2. 정서적 공감Emotional Empathy : 가슴으로 느끼는 통증

상대가 울면 나도 모르게 코끝이 시큰해지는 것, 상대의 아픔이 내 마음에도 전이되어 함께 고통을 느끼는 능력이다. 이것이 우리가 흔히 말하는 진짜 공감이다. 하지만 내현적 나르시시스트에게는 이 기능이 현저히 결여되어 있거나 차단되어 있다. 그는 당신의 눈물을 보며 아프겠다고 느끼는 것이 아니라 '시끄럽다', '불편하다', '내가 나쁜 사람이 된 것 같아 기분 나쁘다'라고 느낀다.

3. 차가운 공감Cold Empathy

심리학자들은 인지적 공감은 높지만, 정서적 공감은 낮은 이 상태를 '차가운 공감'이라 부른다. 이것이 위험한 이유는 그가 당신의 약점과 상처를 정확히 알고 있으면서도(인지), 그곳을 찌르는 것에 대해 아무런 죄책감을 느끼지 못하기(정서 부재) 때문이다. 그가 당신의 눈물 앞에서도 그토록 냉정할 수 있었던 이유, 그것은 그에게 당신의 고통이 '함께 느껴야 할 감정'이 아니라 '신속히 제거해야 할 소음'에 불과했기 때문이다.

13

대화의 늪

{ 논점을 흐리고
죄책감을 심는 기술 }

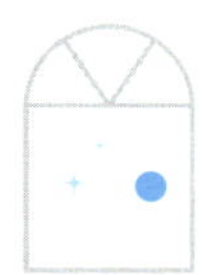

그와의 긴 대화가 끝난 후, 당신이 느끼는 감정의 실체는 무엇인가. 개운함이나 후련함이 아니다. 그것은 깊은 탈진과 혼란, 그리고 목구멍에 걸린 가시처럼 삼켜지지 않는 찜찜함이다. 분명히 그가 약속을 어겨서 시작된 대화였는데, 정신을 차리고 보면 당신이 그에게 "다그쳐서 미안해"라며 사과하고 있거나, 우울해하는 그를 위로하고 있는 기이한 상황을 마주하게 된다.

당신은 숲의 출구를 찾으러 들어갔는데, 어느새 방향 감각을 잃고 늪에 빠져 허우적거리는 기분이다. 그와의 대화는 소통이 아니라 미로다. 겉보기에는 평온한 대지처럼 보이지만, 발을 들이는 순간부터 발목을 잡고, 문제를 해결하려 몸부림칠수록 더 깊은 수렁으로 끌려 들어간다. 그는 논리적으로 당신을 설득하려 하지 않는다. 대신 당신을 지치게 만들어 스스로 입을 닫게 만드는 방식을 택한다.

사실이 아닌 태도를 공격하라

당신이 관계의 구체적인 사실에 대해 문제를 제기할 때, 그는 결코 그 사실에 대해 직답하지 않는다. 대신 당신의 말투나 표정, 감정 상태를 문제 삼아 본질을 흐려 버린다.

상황을 가정해 보자. 그가 며칠째 집안일을 미루고 있거나 약속한 시각에 연락하지 않았다. 당신은 참다못해 말한다.

"연락하기로 해 놓고 왜 안 해? 벌써 세 번째야."

지극히 정상적인 요구이자 팩트 체크다. 하지만 그의 반응은 엉뚱한 과녁을 향해 날아간다.

"너 지금 화났어? 왜 말을 그렇게 해?"

순간 당신은 당황한다. 화난 게 아니라 약속을 어긴 사실을 지적한 것뿐이니까. "화난 게 아니라 네가 약속을 안 지키니까 그렇지"라고 반박하면, 그는 더 깊이 파고든다.

"아니야, 지금 네 눈빛이 나를 공격하고 있어. 너는 꼭 그렇게 사람을 몰아세워야 속이 시원해? 좀 더 부드럽게 말할 수도 있잖아. 내가 네 감정 쓰레기통이야?"

대화의 주제는 순식간에 그의 약속 불이행Fact에서 당신의 공격성Tone으로 바꿔치기당한다. 이제 당신은 약속을 지키지 않은 그에게 해명을 요구하는 입장이 아니라, 자신의 말투가 공격적이지 않았고, 그를 무시한 것이 아님을 증명해야 하는 피의자의 처지가 된다.

"아니, 내 말은 그게 아니고…"라며 해명하는 순간, 당신은 이미 그의 덫에 걸린 것이다. 그는 팩트로는 당신을 이길 수 없음을 본능적으로 안다. 그래서 증명할 수도, 반박할 수도 없는 주관적인 감정의 영역으로 당신을 끌고 들어가 진흙탕 싸움을 유도하는 것이다. 결국 약속을 어긴 문제는 증발하고, 당신의 인격 수양 문제만 남는다.

과거라는 무기고를 열다
: 책임 희석하기

만약 당신이 그의 태도 지적에 넘어가지 않고 중심을 잡았다고 치자.

"내 말투는 나중에 이야기하고, 일단 연락 안 한 것부터 말하자."

이렇게 나오면 그는 두 번째 무기인 과거의 장부를 꺼내 든다.

"그래. 내가 연락 한번 안 한 게 그렇게 죽을죄야? 너는 지난달 내 생일 때 어땠어? 그때 나 진짜 서운했는데 참고 넘어갔거든? 그리고 작년에 여행 갔을 때도 네가 먼저 잤잖아."

갑자기 한 달 전 혹은 1년 전의 케케묵은 이야기가 소환된다. 그때 당신이 실수했던 것 혹은 그가 서운했지만 말하지 않았다고 주장하는(사실인지 알 수 없는) 것들이 줄줄이 나열된다. 이것은 문제 해결을 위한 대화가 아니라, 전형적인 피장파장의 논리다.

“나도 잘못했지만 너도 잘못했잖아. 그러니까 우리는 둘 다 문제가 있어. 나만 비난하지 마.”

이 행동의 목적은 책임의 총량을 나누어 자신의 몫을 희석하는 데 있다. 그의 잘못이 100이었다면, 당신의 과거 실수를 끄집어냄으로써 자신의 잘못을 50으로 줄이고, 당신에게 나머지 50의 짐을 떠넘기는 것이다.

이제 대화는 현재의 문제를 해결하는 건설적인 토론이 아니라, 서로의 과거를 들추어내는 비난전이 된다.

“그건 그때 사과했잖아!”

“아니, 넌 진심이 아니었어!”

당신은 현재의 문제를 해결하는 것을 포기하고, 과거의 자신을 변호하느라 에너지를 다 써 버리게 된다. 논점은 안드로메다로 날아가고, 당신은 지칠 대로 지쳐 버린다.

와해된 언어
의미 없는 말들의 향연

그와의 대화 중 가장 혼란스러운 순간은 그가 분명히 말을 많이 하는데 무슨 말을 하는지 도무지 알아들을 수 없을 때다. 그는 질문에 대한 답을 하는 대신, 현학적인 단어를 늘어놓거나, 철학적인 주제를 끌어오거나, 전혀 상관없는 제삼자의 이야기를 하며 빙빙 돌린다.

"약속을 어긴 게 아니라, 나는 시간이라는 개념을 좀 더 유연하게 바라보고 싶었어. 현대인들은 너무 강박적으로 살잖아. 우리 관계가 그런 사회적 압박에 굴복해야 할까? 나는 우리가 좀 더 영적인 교감을 나눴으면 해."

이것은 일종의 언어적 연막이다. 조각들은 있지만 맞춰지지 않는 퍼즐처럼, 문법적으로는 말이 되지만 맥락상으로는 아무런 의미가 없는 단어들의 나열이다. 그는 이 혼란스러운 언어의 장벽을 세워 당신의 접근을 차단한다. 당신이 "그래서 결론이 뭔데?"라고 물으면, 그는 "너는 너무 단순해서 내 깊은 뜻을 이해 못 해"라며 당신의 지적 능력을 깎아내린다. 당신은 자신의 이해력을 의심하며 입을 다물게 된다.

최후의 보루, 자기 연민
: 당신을 가해자로 만들기

당신이 이 모든 방어막을 뚫고 그를 논리적으로 완벽하게 제압했을 때, 그는 마지막이자 가장 강력한 카드를 꺼낸다. 바로 내현적 나르시시스트의 필살기인 자기 연민Self-Pity이다.

그는 갑자기 어깨를 축 늘어뜨리고, 깊은 한숨을 내쉬며 세상에서 가장 슬픈 표정을 짓는다. 눈물을 글썽이기도 한다.

"알았어. 다 내 잘못이야. 내가 쓰레기지 뭐. 나 같은 놈은 그냥 죽어야 해."

"나도 잘해 보려고 했는데… 요즘 회사 일도 힘들고, 집안 사정도 안 좋고, 되는 일이 하나도 없어서 그래. 나 같은 부족한 놈 만나서 네가 고생이 많다."

이 순간, 관계의 권력 구도는 180도 역전된다. 그는 약속을 어긴 무책임한 남자에서 삶의 무게에 짓눌려 힘들어하는 가련한 소년이 되고, 당신은 힘든 연인을 다독여 주지는 못할망정 사소한 일로 쥐 잡듯이 잡는 무자비한 여자가 되어 버린다.

그의 자학적인 태도 앞에서 당신의 정당한 분노는 설 자리를 잃는다. 오히려 미안함과 죄책감이 파도처럼 밀려온다.

'아, 내가 너무 심했나? 저렇게 힘들어하는데 좀 봐줄 걸 그랬나?'

당신의 모성애와 연민이 자극받는다. 결국 당신은 그에게 사과를 요구하는 대신, 그를 위로하게 된다.

"당신 쓰레기 아니야. 내가 말이 좀 심했어. 미안해. 힘들었지?"

이것이 대화의 늪이 도달하는 종착지다. 문제는 하나도 해결되지 않았고, 그는 약속을 지킬 필요가 없어졌으며, 심지어 당신은 그의 상처 입은 자존감까지 어루만져 줘야 하는 감정 노동자가 되었다. 그는 자신의 책임을 회피하는 데 성공했고, 당신의 죄책감을 자극해 통제권을 되찾았다. 당신은 졌고, 그는 이겼다.

이런 패턴이 몇 번 반복되면 당신은 무력감을 학습하게 된다.

'말해 봤자 소용없다.'

'말을 꺼내면 나만 나쁜 사람이 된다.'

'그냥 내가 참고 넘어가는 게 낫다.'

당신은 점차 입을 다물게 된다. 갈등을 피하기 위해, 더 이상 에너지 소모를 하지 않기 위해 침묵을 선택한다. 하지만 그 침묵은 평화가 아니다. 관계의 단절이자, 영혼의 질식이다. 억울함은 해소되지 않고 내면에 쌓여 독이 된다.

그가 원하는 것이 바로 이것이다. 당신이 지쳐서 나가떨어지는 것. 그래서 자신이 아무런 변화도 노력도 하지 않아도 되는, 자신에게만 편안한 현 상태가 영원히 유지되는 것. 당신의 침묵은 그에게 승리의 트로피와 같다.

이제 깨달아야 한다. 당신이 말을 못해서가 아니다. 당신의 논리가 부족해서도, 당신이 예민해서도 아니다. 그는 애초에 당신과 소통할 의지가 없었다. 그의 유일한 목적은 책임을 회피하고, 당신을 죄책감의 늪에 빠뜨려 입을 막는 것, 그리하여 자신의 평온을 지키는 것이었기 때문이다.

그 늪에서 빠져나오는 유일한 방법은 더 이상 그 늪 안에서 허우적거리지 않는 것이다. 그의 태도 공격, 과거 소환, 피해자 코스프레에 반응하지 않고, 오직 지금 일어난 사실 하나만을 앵무새처럼 반복하거나, 대화가 통하지 않음을 인정하고 자리를 뜨는 것. 그것이 당신의 정신 건강을 지키는 길이다. 소통은 들을 준비가 된 사람과 하는 것이다. 벽에 대고 이야기하는 것은 독백일 뿐이다.

14

당신의 행복이
그의 불행이 될 때

{ 시기심 }

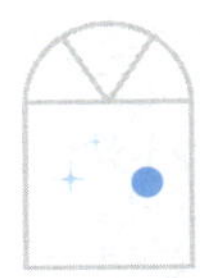

오랫동안 바라던 승진 소식을 듣거나, 몇 달을 매달린 프로젝트가 성공적으로 끝난 날을 상상해 보자. 가슴은 벅차오르고, 휴대폰을 들어 가장 먼저 연락하고 싶은 사람은 당연히 그 사람이다. 사랑하는 연인이라면 나의 성취를 자기 일처럼 기뻐해 주고, 퇴근길에 시원한 맥주 한 잔을 부딪치며 축배를 들어 줄 거라 믿어 의심치 않기 때문이다.

하지만 그 기대가 무참히 깨지는 데는 그리 오래 걸리지 않는다. 당신이 상기된 목소리로 좋은 소식을 전할 때, 수화기 너머 그의 반응은 기이할 정도로 미지근하다.

"그래? 잘됐네."

짧은 한마디와 함께 그는 곧바로 화제를 전환한다. 마치 당신이 "오늘 점심에는 김치찌개를 먹었어"라고 말한 것처럼, 아무런 감흥 없는 무덤덤한 태도다. 아니, 오히려 그 목소리 끝에는 미세한 가시가 돋아 있다.

당신은 당황한다. '내가 너무 들떴나?', '그가 오늘 회사에서 무슨 안 좋은 일이 있었나?' 싶어 도리어 그의 눈치를 살핀다. 서운한 마음에 "축하해 주는 건 아니야?"라고 물으면, 그는 말한다.

"축하해. 정말 잘됐다. 됐지? 뭘 그런 걸 가지고 확인받으려고 해."

그날 저녁, 당신은 축배를 드는 대신 그가 이유 없이 부리는 짜증을 받아 내거나, 갑자기 차가워진 분위기 속에서 숨죽여야 했을 것이다. 당신의 기쁨은 갈 곳을 잃고 증발해 버린다. 가장 행복해야 할 날이, 가장 눈치 보이는 날로 변해 버린 것이다.

행복에도 세금이 붙는다

그의 시기심은 아주 교묘한 방식으로 당신의 일상을 잠식한다. 내현적 나르시시스트인 그는 대놓고 "네가 성공해서 배 아파"라고 말할 리 없다. 대신 그는 당신의 행복에 찬물을 끼얹는 타이밍을 귀신같이 알고 있다.

당신이 친구들과 즐거운 여행을 다녀온 직후 혹은 새로운 취미 생활을 시작하며 활력을 찾은 다음 날, 어김없이 그와의 갈등이 시작된다. 그는 별것 아닌 일로 트집을 잡아 싸움을 걸거나, 갑자기 아프다고 하거나, 우울해하며 당신의 관심을 요구한다. 당신이 기쁨을 만끽해야 할 그 순간에 죄책감을 심어 주는 것이다.

“너는 참 좋겠다. 나는 요즘 회사 때문에 죽겠는데, 너는 여행 가서 신나게 놀다 오고.”

“승진한 건 좋은데, 이제 바빠져서 나랑은 더 못 놀겠네?”

이 말들은 당신에게 다음과 같은 메시지를 주입한다.

‘나 없이 혼자 행복해하지 마라. 네가 행복하면 나는 불행해진다.’

당신은 학습하게 된다. 좋은 일이 생겨도 그 앞에서는 표정을 숨겨야 하고, 행복한 순간 뒤에는 반드시 그를 달래 주어야 하는 감정의 세금을 내야 한다는 것을. 결국 당신은 그가 청구하는 세금이 너무 무거워, 행복해지는 것 자체를 두려워하게 된다. 당신의 불행이 그에게는 안심이 되고, 당신의 행복은 그에게 위협이 되는 기형적인 구조다.

걱정을 가장한 저주

그의 시기심이 가장 악랄하게 발현되는 순간은, 당신이 새로운 도전을 하려 할 때다. 당신이 “나 이번에 대학원에 진학해 볼까 해”라거나 “새로운 사업을 구상 중이야”라고 말하면, 그는 응원 대신 ‘현실적인 조언’이라는 가면을 쓰고 당신의 발목을 잡는다.

“지금도 바쁜데 그것까지 할 수 있겠어? 괜히 몸만 상하고 스트레스받을까 봐 걱정돼서 그래.”

"요즘 그 분야 전망 안 좋다던데. 내 친구도 그거 했다가 망했어. 현실적으로 생각해. 너는 너무 이상적이야."

그의 말은 당신을 위한 걱정처럼 들리지만, 실상은 당신의 성장을 가로막는 저주다. 그는 당신이 더 나은 사람이 되는 것을 원하지 않는다. 당신이 성장하면 자신의 통제권을 벗어날까 봐, 그리고 자신이 도태된 것처럼 느껴질까 봐 두렵기 때문이다. 그는 당신이 영원히 자신의 그늘에 자신보다 조금 못한 존재로, 자신이 마음대로 휘두를 수 있는 위치에 머물러 주기를 바란다.

이것은 정원사가 꽃을 피우기 위해 물을 주는 것이 아니라, 꽃이 자신보다 높게 자라지 못하도록 싹을 잘라 버리는 행위와 같다. 그는 당신이라는 정원을 가꾸는 척하면서, 사실은 아무것도 자라지 못하는 황무지로 만들고 있는 것이다. 당신의 날개가 커질수록 그는 가위를 들고 설치는 횟수를 늘린다.

제로섬 게임의 법칙

내현적 나르시시스트의 세계관은 철저한 제로섬 게임Zero-Sum Game이다. 누군가가 얻으면 누군가는 잃어야 한다. 파이의 크기는 정해져 있어서, 당신이 더 많이 가져가면 자신의 몫이 줄어든다고 믿는다. 그의 행복과 나의 행복이 더해져 더 큰 행복이 되는 윈윈Win-Win의 구조를 그는 이해하지 못한다.

그에게 당신의 성공은 곧 자신의 실패다. 당신의 기쁨은 곧 자신의 박탈감이다. 연인 관계란 서로 치어리더가 되어 주는 관계여야 하는데, 그는 당신이 골을 넣을 때마다 야유를 보내거나 경기장에 난입해 경기를 중단시키는 관중석의 훌리건과 다를 바 없다.

당신이 빛날수록 그의 표정이 어두워진다면, 당신이 웃을수록 그가 예민해진다면, 그것은 사랑이 아니다. 자신의 열등감을 감추기 위해 당신을 깎아내리고 있는 것이다. 그는 당신의 빛을 보고 사랑에 빠졌다고 말했지만, 이제는 그 빛 때문에 눈이 부셔 견딜 수 없어 한다.

나의 불행이 그에게 위로가 될 때

반대로 당신이 실패하거나 힘들어할 때, 그의 반응은 어떤가? 기이하게도 그는 그때 가장 다정해진다. 당신이 상사에게 혼나고 시무룩해져 있거나 시험에 떨어져 낙담해 있을 때, 그는 누구보다 자상하게 당신을 위로하고 챙겨 준다.

"괜찮아. 내가 있잖아. 세상이 널 몰라줘도 난 널 알아."

당신은 이 모습에 감동하여 '역시 내가 힘들 때 곁에 있어 주는 건 이 사람뿐이야', '그는 나를 진심으로 아끼는구나'라고 생각할지 모른다. 하지만 냉정하게 보자. 그가 안도하는 것은 당신의 고통이 해결되어서가 아니라, 당신이 다시 '약하고 도움이 필요한 존재'로 돌아왔기 때문이다.

그는 당신이 무너져 있을 때 비로소 자신의 우월감을 회복한다. 당신을 위로하는 '관대하고 강한 나'의 모습에 도취해 만족감을 느낀다. 당신의 불행이 그에게는 최고의 안정제이자 자존감 회복제인 셈이다. 그는 당신이 다시 일어서기를 바라지만, 자신보다 더 높이 일어서는 것은 원치 않는다. 딱 그가 내려다볼 수 있는 위치까지만 회복되기를 바란다.

백설 공주의 계모는 왕비였다

동화 속 백설 공주의 계모는 왜 그토록 백설 공주를 미워했는가? 그녀는 왕비였다. 권력도 있고 돈도 있었다. 하지만 거울이 "백설 공주가 더 아름답다"라고 말하는 순간, 그녀가 가진 모든 것이 무의미해졌다. 시기심은 자신이 가진 것을 누리지 못하게 하고, 타인이 가진 것을 파괴하는 데에만 몰두하게 만드는 지옥이다.

당신 곁의 그는 왕비고 당신은 백설 공주다. 그는 당신이 가진 생명력, 친화력, 능력, 그리고 순수한 기쁨을 시기한다. 그가 내미는 사과에 속아 잠들지 마라.

빛을 끄지 마라

이제 당신은 선택해야 한다. 그가 느끼는 열등감을 달래 주기 위해 당신의 빛을 스스로 꺼 버릴 것인가, 아니면 그가 눈부셔하더라도 당신의 빛을 마음껏 발산할 것인가.

사랑하는 사람을 위해 겸손해질 수는 있다. 하지만 사랑하는 사람을 위해 스스로를 초라하게 만들 필요는 없다. 당신의 행복을 불행으로 느끼는 사람 곁에 머문다면, 당신은 평생 죄인처럼 숨죽여 살아야 한다. 당신의 재능을 숨기고, 성취를 부끄러워하며, 거짓된 패배자로 살아가야 한다. 그것은 당신의 인생에 대한 직무 유기다.

진정한 파트너는 당신의 성공을 자신의 일처럼 기뻐하며, 당신의 빛이 더 멀리 퍼져 나가도록 거울이 되어 주는 사람이다. 당신의 날개를 꺾어 자신의 주머니에 넣으려는 사람에게 당신의 비상을 허락하지 마라. 당신은 맘껏 행복해질 자격이 있다. 그가 불행해하든 말든 상관없이.

질투와 시기, 그 서늘한 온도 차

우리는 흔히 연인이 낯선 이에게 미소 지을 때의 불안이나, 친구가 나보다 앞서 나갈 때의 박탈감을 모두 '질투'라는 단어 하나로 뭉뚱그린다. 하지만 마음의 단면을 해부하는 심리학의 칼날 아래서 이 둘은 엄격하게 구분된다. 마치 감기와 폐렴이 전혀 다른 병인 것처럼.

1. 질투Jealousy : 삼각관계의 드라마

질투는 기본적으로 '세 사람'이 등장하는 무대다. 나, 너, 그리고 제삼자. 이 삼각형 구도 안에서만 질투라는 감정은 싹튼다. 카페에서 연인을 기다리는데, 그가 낯선 이성과 다정하게 들어오는 장면을 목격했을 때 심장이 내려앉는 그 감각. 그것이 질투다. 질투의 핵심은 '상실에 대한 공포'다. 내 소중한 것을 잃을까 봐 질투하는 자는 애원한다.

"나를 떠나지 마."

"나만 바라봐."

2. 시기심Envy : 둘만의 은밀한 전쟁

반면, 시기심은 더 단순하고, 그래서 더 잔혹하다. 여기에는 제삼자가 필요 없다. 오직 '나와 너', 딱 두 명이면 충분하다. 동창이 대기업에 취업했다는 소식에 입으로는 축하하지만 속으로는 배가 아프다면, 그것은 시기심이다. 시기심의 목표는 사랑을 지키는 것이 아니다. 상대가 가진 빛나는 것을 '망가뜨리는 것'이다. 친구의 새 차에 흠집이 났으면 좋겠고, 승진한 동료가 치명적인 실수를 저질러 추락하기를 바라는 마음. 이것이 시기심의 민낯이다.

3. 거울 앞에 선 남자

이제 당신 곁의 그 남자를 이 위에 올려 보자. 당신이 성과를 냈을 때 그가 보였던 그 미묘한 불쾌감은, 당신을 빼앗길까 봐 두려워하는 사랑의 질투가 아니었다. 그것은 당신의 빛 때문에 자신의 어둠이 더 선명하게 드러나는 것을 견딜 수 없어 하는, 지독한 시기심이었다.

질투하는 사람은 "나를 떠나지 마"라고 말하지만, 시기하는 사람은 속으로 이렇게 말한다.

"너는 그렇게 행복하면 안 돼."

그에게 당신은 거울이다. 잔인할 정도로 정직한 거울. 당신이 승진하면 그는 자신의 정체된 커리어를 마주하고, 당신이 웃으면 그는 자신의 메마른 내면을 확인한다. 그래서 그는 거울을 깨뜨리려 한다. 당신을 사랑하지 않아서가 아니다. 당신이라는 거울이 비추는 자기 자신이 너무 초라하게 느껴져서 견딜 수 없기 때문이다.

참으로 비극적인 역설이다. 사랑하는 사람의 성공을 함께 기뻐하지 못하고, 오히려 그것 때문에 고통받아야 한다니. 하지만 이것이 현실이다. 사랑한다는 이름으로 포장된, 시기심이라는 어두운 괴물의 정체다.

15

나를 태워
그의 자존감을 데우다
{ 에너지 흡혈 }

누군가를 진심으로 사랑한다는 것은 나의 에너지를 기꺼이 나누어 주는 일이다. 맛있는 것을 먹으면 그가 생각나서 사게 되고, 좋은 풍경을 보면 그와 함께 나누고 싶어 시간을 낸다. 건강한 관계에서 이러한 에너지의 이동은 쌍방향으로 흐른다. 내가 보낸 에너지는 상대방의 기쁨이 되고, 그 기쁨은 다시 나에게 사랑과 활력으로 되돌아온다. 마치 두 개의 발전기가 서로 연결되어 더 큰 전력을 만들어 내는 시너지와 같다.

하지만 그와의 관계 회로도는 사뭇 다르다. 당신의 에너지는 끊임없이 그를 향해 흘러가지만, 그에게서 돌아오는 것은 없다. 당신은 퍼 주고, 그는 받는다. 당신은 소진되고, 그는 충전된다.

데이트가 끝난 후를 떠올려 보자. 그는 "덕분에 힐링됐다", "너랑 있으면 편안해"라며 개운한 얼굴로 돌아가지만, 당신은 마치 며칠 밤을 새운 사람처럼 녹초가 되어 집에 도착하자마자 쓰러져 잠든다. 만남이 거듭될수록 당신의 얼굴빛은 어두워지고 눈빛은 생기를 잃어 가는데, 반대로 그는 점점 더 혈색이 좋아지고 자신감이 넘친다.

주변 사람들은 걱정스럽게 묻는다.

"연애하는데 왜 그렇게 피곤해 보여? 어디 아파?"

당신은 "그냥 요즘 일이 많아서 그래"라고 둘러대지만, 마음 깊은 곳에서는 본능적으로 알고 있다. 내 생명력이 어디론가 줄줄이 새어 나가고 있다는 것을.

그는 사랑이 아니라 '연료'를 원한다

이 기이한 에너지 불균형을 이해하기 위해서는, 내현적 나르시시스트의 생존 방식을 알아야 한다.

9장(87쪽)에서 언급했듯이, 그는 자아가 없는 텅 빈 껍데기다. 스스로 자존감이나 생명력을 생성해 낼 수 있는 내적 발전소가 고장 난 상태다. 따라서 그가 심리적으로 살아남기 위해서는 반드시 외부에서 에너지를 수혈받아야만 한다.

그에게 당신은 사랑하는 연인이기 이전에, 가장 질 좋고 풍부한 에너지를 공급해 주는 고성능 배터리이자 인간 연료다.

그가 당신에게 원하는 것은 당신의 인격이나 영혼의 교감이 아니다. 당신이 그를 바라봐 주는 동경 어린 눈빛(찬사), 그가 힘들 때마다 무조건적으로 받아 주는 위로(안정감), 그가 마음대로 휘두를 수 있는 당신의 감정(통제감), 그리고 당신의 사회적 지위나 외모가 그에게 부여해 주는 트로피(우월감)다.

그는 이 연료들을 태워 자신의 차가운 자존감을 데운다. 당신이 헌신하면 할수록, 그를 위해 애쓰면 애쓸수록, 그의 자존감 온도는 올라간다.

"아, 나란 남자는 이렇게 과분한 사랑을 받을 자격이 있어."

그는 당신의 사랑을 통해 자기애를 충족하고, 그 만족감에 취해 살아간다. 당신은 그를 따뜻하게 만들기 위해 스스로를 태우는 땔감이 된 셈이다.

부정적 감정도 그에게는 먹잇감이다

더욱 소름 끼치는 사실은 그가 당신의 긍정적인 에너지(사랑, 칭찬, 헌신)뿐만 아니라 부정적인 에너지(분노, 슬픔, 질투)까지도 먹어 치운다는 점이다.

당신이 그 때문에 화를 내거나 울며 매달릴 때, 그는 겉으로는 당황하거나 미안한 척할지도 모른다. 하지만 무의식 깊은 곳에서는 은밀한 쾌감을 느낀다.

'이 여자가 나 때문에 이렇게까지 감정이 동요하다니. 내가 이 사람에게 이렇게 큰 영향력을 끼치고 있구나.'

당신의 눈물은 그에게 자신의 존재감을 확인시켜 주는 도구가 된다. 당신이 질투심에 불타오를 때, 그는 자신이 여전히 매력적이고 가치 있는 남자임을 확인하며 안도한다. 당신이 그에게 소리를 지르며 화를 낼 때, 그는 자신이 당신의 감정을 쥐락펴락할 수 있다는 통제감을 맛본다.

그래서 그는 무의식적으로 혹은 의도적으로 당신을 자극한다. 삼각관계를 만들어 질투를 유발하고, 침묵으로 당신을 불안하게 만들며, 가스라이팅으로 당신을 혼란에 빠뜨린다. 당신이 감정적으로 격해질수록 그는 더 많은 에너지를 흡수할 수 있기 때문이다. 당신이 고통 속에서 몸부림치는 그 순간조차, 그는 당신이라는 연료를 태워 자신의 존재감을 확인하고 있다.

이것이 바로 '에너지 뱀파이어 Energy Vampire'의 실체다. 그는 당신의 피(감정)를 빨아먹고 산다. 그 피가 사랑의 붉은색이든, 분노의 검은색이든 그는 가리지 않는다.

당신의 성취는 나의 액세서리

그가 에너지를 흡수하는 또 다른 방식은 당신의 성취를 가로채는 것이다.

4장(42쪽)에서처럼 그는 당신이 자신보다 잘나가는 것을 시기하지만, 동시에 당신의 성공을 자신의 것으로 포장하여 전시하는 데 능숙하다. 당신이 좋은 직장에 다니거나, 예쁜 외모를 가졌거나, 사람들에게 인기가 많다면, 그는 당신을 트로피처럼 들고 다니며 주변에 자랑한다.

"내 여자친구는 이런 사람이야. 대기업(명문대, 유학) 다니고, 성격도 진짜 좋아."

이 말은 "너 참 멋지다"라는 칭찬이 아니다. "이런 멋진 여자를 만나는 나야말로 대단한 남자 아니냐?"라는 자기 과시다. 당신의 가치는 그를 돋보이게 하는 액세서리로서만 의미가 있다.

그는 당신을 사랑하는 것이 아니라, 당신이라는 브랜드가 자신에게 비춰 주는 후광 효과를 사랑한다. 당신이 빛날 때 그는 옆에서 반사판을 들고 서서, 쏟아지는 조명을 함께(혹은 자신이 더 많이) 받으려 한다. 하지만 당신이 실패하거나 초라해져서 더 이상 그에게 빛을 비춰 주지 못하게 되면? 그는 가차 없이 반사판을 접고 떠날 것이다. 고장 난 전구는 갈아 끼우면 그만이니까.

고갈된 당신, 충전된 그

이 일방적인 착취 구조 속에서 당신은 서서히 말라 간다. 처음에는 그저 피곤한 정도였지만, 시간이 지나면 영혼의 바닥이 드러난다.

'나는 누구였더라? 뭘 좋아했지?'

자신의 욕구, 취향, 꿈은 희미해지고, 오직 그를 만족시키고 그의 기분을 살피는 데 모든 신경이 곤두선다. 당신의 자아는 그에게 에너지를 공급하느라 쪼그라들고, 반대로 그의 자아는 당신의 희생을 양분 삼아 비대해진다.

당신이 "나 너무 힘들어서 더는 못 하겠어. 내 에너지가 다 빠져나가는 기분이야"라고 호소하면, 그는 깜짝 놀란 표정으로, 정말 이해할 수 없다는 듯이 말한다.

"우리가 서로 사랑해서 하는 건데 뭐가 힘들어? 나는 네가 해 주는 게 너무 좋은데. 너는 안 좋아?"

그는 진심으로 이해하지 못한다. 자신은 충전되고 있으니까. 당신이 바닥나고 있다는 사실을 그는 모르는 게 아니다. 다만 그것이 자신의 문제가 아닐 뿐이다. 당신의 고통은 당신의 것이고, 그의 충만함은 그의 것이다. 이 관계에서 손해 보는 쪽은 언제나 당신이다.

사랑은 희생이 아니다

이제 인정해야 한다. 당신이 하고 있는 것은 사랑이 아니다. 그것은 자선 사업이자 강제 헌혈이다.

당신은 따뜻함으로 그를 채워 줄 수 있을 거라 믿었다. 사랑이 그를 치유하고 변화시킬 수 있을 거라 기대했다. 하지만 밑 빠진 독에 물을 붓는다고 독이 채워지지는 않는다. 물만 낭비될 뿐이다.

그의 공허함은 당신이 채워 줄 수 있는 영역이 아니다. 그것은 그 스스로 내면을 직면하고, 깨진 바닥을 수리해야만 채워질 수 있는 구멍이다. 당신이 아무리 많은 사랑을 쏟아부어도, 그는 영원히 배고픈 아귀처럼 입을 벌리고 "더 줘, 더 사랑해 줘, 더 인정해 줘"라고 요구할 것이다.

자신을 태워 타인을 밝히는 것은 숭고한 희생이 아니다. 그 것은 자기 파괴다. 촛불은 제 몸을 태워 빛을 내지만, 심지까지 타 버리면 꺼지고 만다. 당신의 심지가 다 타들어 가기 전에, 이제 그 불꽃을 꺼야 한다.

그에게로 향하던 에너지 공급 호스를 뽑아라. 그리고 그 호 스를 당신 자신에게로 돌려라. 말라비틀어진 당신의 영혼에 물을 주고, 텅 빈 당신의 곳간을 채워야 한다. 당신의 에너지는 그를 데우기 위해 존재하는 것이 아니라, 당신의 삶을 꽃피우 기 위해 존재하는 것이다.

그가 "너 없으면 나는 죽어"라며 매달려도 속지 마라. 그는 죽지 않는다. 단지 다른 주유소를 찾아 떠날 뿐이다. 당신이 걱 정해야 할 것은 그의 생존이 아니라, 에너지가 고갈되어 꺼져 가고 있는 당신 자신의 생명이다.

16

내 돈은 엄마 돈
네 돈은 생활비
{ 경제적 유착 }

결혼을 약속하거나 미래를 위해 통장을 합치기로 한 연인들이 가장 치열하게 부딪히는 벽은 의외로 성격 차이가 아니라 숫자다. 사랑은 추상적이고 낭만적이지만, 생활은 구체적이고 냉혹한 숫자로 이루어져 있기 때문이다.

당신은 그와 함께 살 신혼집을 구하거나 결혼 자금을 모으는 과정 혹은 데이트 통장을 정리하다가 기이한 현상을 목격하게 된다. 평소 당신에게는 "돈이 없다", "아껴야 잘 산다", "가성비를 따져야 한다"라는 말을 입버릇처럼 달고 살던 그가, 본가와 관련된 일에는 놀라울 정도로 관대하게 지갑을 연다는 사실이다.

데이트할 때 커피값 몇천 원을 아까워하고, 당신에게 줄 생일 선물의 가격표를 꼼꼼히 따지며 "마음이 중요한 거지"라고 말하던 그 알뜰한 남자가, 어머니의 생신에는 수백만 원짜리 명품 가방을 턱 하니 선물한다. 전세 자금이 부족해 당신이 대출 이자를 계산하며 발을 동동 구를 때, 그는 상의도 없이 어머니의 낡은 가전을 최신형으로 바꿔 드린다며 적금을 깬다.

당신이 조심스럽게 "지금 우리도 여유 없지 않아? 나중에 해 드려도 되지 않을까?"라고 물으면, 그는 정색하며 도덕적 우월감을 무기로 당신을 공격한다.

"너는 부모님께 쓰는 돈이 아까워? 키워 주신 은혜가 있는데 자식 된 도리로 그 정도도 못 해? 사람이 왜 그래?"

이 말 앞에서 당신은 졸지에 돈밖에 모르는 속물 혹은 남자의 효도를 방해하는 이기적인 사람이 되어 입을 다물게 된다. 하지만 당신의 직감은 틀리지 않았다. 이것은 효심의 문제가 아니다. 명백한 '경제적 유착Financial Enmeshment'이자 '재정적 배신'의 문제다.

이중 장부
: 투자의 대상이 다르다

그의 머릿속에는 두 개의 가계부가 존재한다. 하나는 당신과 함께하는 우리의 가계부이고, 다른 하나는 어머니와 공유하는 원가족의 가계부다. 문제는 이 두 장부에 적용되는 환율이 다르다는 점이다.

당신과의 관계에 쓰는 돈은 그에게 비용이나 소비로 인식된다. 데이트 비용, 여행 경비, 심지어 결혼 준비 자금까지 최대한 줄여야 할 지출 항목으로 분류해 버린다. 그래서 그는 당신에게 '검소함'을 미덕으로 강요하고, 당신이 소비하는 커피 한 잔, 옷 한 벌에도 '낭비'라는 딱지를 붙인다.

반면, 어머니에게 쓰는 돈은 투자이자 성역으로 인식된다. 그것은 자신의 착한 아들이라는 정체성을 유지하기 위한 회비이자, 어머니의 사랑을 잃지 않기 위해 지불해야 하는 보험료다. 혹은 어머니라는 절대적 권력자에게 바치는 조공과도 같다. 그래서 이 항목에는 상한선이 없다. 그는 무리해서라도 어머니의 요구를 들어주려 하고, 빚을 내서라도 어머니의 체면을 세워 드리는 것을 자신의 능력이라 착각하며 뿌듯해한다.

당신이 느끼는 박탈감은 단순히 돈의 액수 때문이 아니다. 나의 미래를 위해, 우리의 집을 짓기 위해 쌓아야 할 벽돌이, 내 허락도 없이 다른 집(그의 본래 가족) 담장을 쌓는 데 몰래 빼돌려지고 있다는 사실을 깨달았기 때문이다.

금융 불륜
: 돈으로 하는 외도

심리학에서는 파트너 몰래 돈을 쓰거나, 재정 상태를 숨기는 행위를 '금융 불륜Financial Infidelity'이라고 부른다. 몸을 섞는 외도만큼이나 돈을 섞는(혹은 빼돌리는) 행위 역시 관계의 신뢰를 치명적으로 파괴하고, 돈은 곧 생존이자 미래를 담보하는 자원이기 때문이다.

그는 당신에게 자신의 정확한 수입이나 지출 내역을 공개하지 않으려 한다. "각자 관리하자"라며 선을 긋거나, "내가 알아서 잘하고 있다"라며 얼버무린다. 하지만 나중에 알고 보면, 그는 매달 월급의 상당 부분을 어머니에게 용돈으로 상납하고 있거나, 심지어 어머니나 형제 명의로 된 빚을 대신 갚고 있었을지도 모른다. 이 사실이 발각되었을 때, 그는 뻔뻔하게 나온다.

"내 돈 내가 쓰는데 뭐가 문제야? 내가 도박했어, 술을 마셨어? 다른 여자도 아니고 엄마한테 드린 게 죄야?"

문제의 본질은 그가 돈을 어디에 썼느냐가 아니다. 두 사람이 함께 미래를 약속한 사이라면, 재정은 더 이상 개인의 사유 재산이 아니라 공동의 목표를 위한 공공 자원이 된다. 그는 공동 자원을 파트너의 동의 없이 일방적으로 유출했다. 이것은 명백한 배임이자 횡령이다. 그는 어머니와의 결속을 다지기 위해, 당신과의 신뢰를 헌신짝처럼 버린 것이다.

돈의 공식

만약 당신이 그와 결혼하거나 동거하게 된다면, 이 불공정 거래는 더욱 악랄하고 교묘해진다.

그는 생활비나 공과금, 식비처럼 생존에 필수적이고 흔적 없이 사라지는 소모성 비용은 당신의 수입에서 지출하기를 은근히(혹은 노골적으로) 유도한다. 당신의 돈은 현재를 근근이 유지하는 데 쓰인다. 마트에서 장을 보고, 관리비를 내고, 세제를 사는 돈. 이것들은 쓰면 사라지는 돈이다.

반면, 그의 수입은 저축이나 재테크, 큰돈 들어갈 일을 대비한다는 명목으로 묶어 두거나, 그가 관리하겠다고 주장한다. 겉으로는 합리적인 분업처럼 보이지만, 실상은 다르다. 그가 관리하는 그 돈은 유사시 어머니를 위해 쓰일 예비금으로 둔갑한다. 혹은 "엄마가 돈 좀 불려 주신대", "엄마가 잠깐 급전이 필요하시대"라며 시댁으로 흘러 들어갔다가 영영 돌아오지 않기도 한다.

결국 공식은 이렇게 완성된다.

'네 돈은 우리를 먹여 살리는 공공재(생활비), 내 돈은 엄마와 나만의 비자금(자산).'

당신이 뼈 빠지게 일해서 번 돈으로 냉장고를 채우는 동안, 그는 자신의 돈을 모아 어머니와 해외여행을 계획하거나 본가 리모델링 비용을 댄다. 당신이 이에 대해 항의하면 그는 "너는 부부가 네 돈 내 돈 따지냐? 왜 그렇게 계산적이야?"라며 당신을 속물로 본다. 당신의 노동은 가정을 위한 당연한 희생이 되고, 그의 지출은 효심 깊은 아들의 선행으로 포장된다.

어머니는 대주주, 당신은 계약직 사원

이 경제적 기형 구조 속에서 그의 어머니는 단순한 가족이 아니다. 당신이 속한 커플이라는 기업의 보이지 않는 대주주다.

그는 중요한 재정적 결정을 당신이 아닌 어머니와 상의한다. 집을 언제 살지, 차를 바꿀지, 투자를 어디에 할지. 최종 결재권은 어머니에게 있다. 당신이 아무리 꼼꼼한 시장 조사와 데이터로 "이 아파트를 사야 해"라고 설득해도 어머니가 "거기 터가 안 좋다더라", "지금은 때가 아니다"라고 한마디하면 당신의 기획안은 즉시 기각된다. 반대로 어머니가 "돈 좀 필요하다"라고 하면, 당신들이 몇 년을 계획해 온 예산은 휴지 조각이 된다.

당신은 이 기업의 동등한 파트너가 아니다. 대주주(어머니)와 CEO(그)의 결정을 수행하고, 회사가 망하지 않도록 잡무를 처리하며 뒤치다꺼리하는 계약직 사원에 불과하다. 열심히 일해서 회사를 굴러가게 만들지만 경영에 참여할 권한은 없고, 회사의 이익(잉여 자금)은 대주주가 챙겨 가는 구조. 이것이 당신이 겪고 있는 경제적 유착의 실체다.

돈은 거짓말을 하지 않는다

사람의 마음은 말로 포장할 수 있지만, 돈의 흐름은 거짓말을 하지 않는다. 자본주의 사회에서 돈은 곧 에너지이자 생명력이다. 그가 돈을 쓰는 곳이 곧 그가 마음을 쓰는 곳이다. 그가 돈을 아끼지 않는 대상이 곧 그가 가장 두려워하고 사랑하는 대상이다.

그가 당신에게는 "커피 좀 줄여", "택시 타지 마"라고 잔소리하면서 본가에는 묻지 마 지원을 하고 있다면, 인정해야 한다. 그의 마음속 1순위는 당신도, 미래의 가정도 아니다. 그는 여전히 어머니의 아들로서 어머니를 부양하고 기쁘게 하는 것을 인생의 최우선 과업으로 삼고 있는 사람이다.

당신은 그에게 사랑을 바랐지만, 그는 당신에게 자원을 바랐다. 자신의 효도를 지속 가능하게 해 줄 경제적, 정서적 자원 말이다. 당신이 번 돈으로 생활비를 충당함으로써, 그는 자신의 돈을 온전히 어머니에게 돌릴 수 있는 여유를 얻었다. 당신은 그의 효도를 위한 훌륭한 '스폰서'였다.

이제 사랑이라는 낭만을 걷어 내고 계산기를 다시 두드려야 한다. 이 관계가 당신에게 남기는 것이 미래를 위한 자산인지, 아니면 당신의 인생을 갉아먹는 마이너스 통장인지. 밑 빠진 독에 물을 붓는 것을 멈추고, 당신의 소중한 자원을 당신 자신을 위해 써야 할 때다. 당신의 피땀 어린 돈과 노력은 누군가의 효도 코스프레를 위한 무대 장치가 되기에는 너무나 귀한 것들이니까.

행복은 자기 가치를 이루는 데서부터 얻는
마음의 상태다.

- 아인 랜드

당신의 연애는 처음부터 단 한 번도 '둘만의 것'이었던 적이 없다. 손을 잡고 걷는 순간에도, 늦은 밤 사랑을 속삭이는 시간에도, 두 사람 사이에는 늘 보이지 않는 제삼자가 있었다. 그의 어머니라는 거대한 그림자가 당신들의 관계 위로 드리워져 있었다.

이 파트에서는 그 질식할 것 같은 답답함의 근원을 들여다본다. 당신과의 약속보다 어머니의 전화를 더 무서워하고, 당신의 눈물보다 가족의 잔소리를 더 신경 쓰는 그의 모습. 그것을 목격했을 때 무너진 건 단순한 서운함이 아니었다. 내가 이 사람의 1순위가 될 수 없다는 깨달음, 관계의 근거 자체가 무너지는 소리였다. 당신이 싸운 건 한 남자가 아니라, 그가 속한 거대한 가족 체계였다.

Part 4

세 명이서 하는
연애의 끝

붕괴 Collapse

17

침실까지 들어온
제삼자

　사랑하는 사람과 함께 잠자리에 드는 순간을 떠올려 보자. 조명을 낮추고, 세상의 소음은 차단된 채 오직 서로의 숨소리만이 들리는, 가장 사적이고 내밀한 시간이다. 그런데 그 침대 머리맡에 누군가 앉아서 두 사람을 내려다보고 있다고 상상해 보라. 등골이 서늘해지는 공포일 것이다.

　물리적으로는 불가능한 일이지만, 심리적으로는 매일 밤 벌어지고 있는 일이다. 당신 곁에 누운 그 남자의 머릿속과 두 사람을 감싸고 있는 정서적 공기 속에는 언제나 그의 어머니가 보이지 않은 상태로 동석하고 있다.

　당신은 분명 그와 단둘이 있는데도, 묘하게 셋이 있는 것 같은 불편함을 느낀다. 그가 하는 말, 행동, 심지어 당신을 대하는 태도조차 온전하지 않은 느낌. 그 배후에 누군가의 입김이 작용하고 있다는 서늘한 직감. 그것은 착각이 아니다. 당신의 연애는 처음부터 2인용이 아니었다.

24시간 핫라인
: 프라이버시의 실종

주말 데이트 중에 분위기 좋은 레스토랑에서 마주 앉아 깊은 대화를 나누려는 찰나, 그의 휴대폰이 요란하게 울린다. 액정에 뜬 이름은 엄마 혹은 우리 여사님. 여기까지는 그럴 수 있다. 하지만 문제는 그다음이다.

그는 당신에게 양해를 구하는 둥 마는 둥 전화를 받더니, 마치 상사에게 업무 보고를 하듯 지금 어디에 있는지, 무엇을 먹었는지, 당신과 무슨 이야기를 했는지 미주알고주알 털어놓는다.

"어, 엄마. 지금 ○○이랑 파스타 먹으러 왔어요. 네, 아까 점심은 샌드위치 먹었고… 아니요, 별일 없어요. 엄마는 식사하셨어요? 약은 드셨고?"

통화는 10분, 20분이 넘어가도록 끝나지 않는다. 당신은 투명 인간이 된 채 식어 가는 음식을 앞에 두고, 그가 어머니와 나누는 연인끼리나 할 법한 시시콜콜한 대화를 강제로 청취해야 한다. 전화를 끊으면 그가 미안해할까? 아니다. 그는 오히려 "엄마가 안부 전해 달래. 너 참 착하다고 칭찬하시네"라며 효자 미소를 짓는다.

이것은 단순한 안부 전화가 아니다. 감시이자 보고다.

그의 어머니에게 아들의 사생활은 보호해 줘야 할 영역이 아니라, 자신이 낱낱이 알아야만 직성이 풀리는 통제 구역이다. 아들이 누구를 만나고, 무엇을 먹고, 어떤 생각을 하는지 모르는 순간을 그녀는 견디지 못한다. 그리고 아들인 그는 그 통제를 간섭이라 느끼지 않고, 사랑이나 관심으로 받아들인다. 두 사람 사이에는 경계선이라는 개념 자체가 존재하지 않는다.

당신과의 데이트, 당신이 그에게 털어놓은 비밀, 심지어 당신과 싸운 내용까지 실시간으로 어머니에게 중계된다. 당신은 그와 연애하는 것이 아니라, 그와 그의 어머니가 공유하는 단톡방에 초대된 구경거리가 된 셈이다. 당신의 사생활은 그들의 대화 소재로 소비되고 있다.

침실까지 침범하는 정서적 근친

더욱 끔찍한 것은 이 개입이 침실 문턱을 넘을 때다.

성적인 행위는 두 성인이 맺을 수 있는 가장 독립적이고 배타적인 결합이다. 하지만 내현적 나르시시스트인 그에게 성은 10장(95쪽)에서 언급했듯 어머니에 대한 배신감을 유발하는 행위다. 그가 당신과의 잠자리에서 집중하지 못하거나 혹은 기계적으로 행동하는 이면에는 무의식적으로 어머니의 시선을 의식하는 심리가 깔려 있다.

어떤 어머니들은 아들의 성생활까지 은밀하게 통제하려 든다. 다 큰 아들의 속옷을 직접 사다 주며 취향을 강요하거나, "피곤한데 너무 무리하지 마라", "여자 너무 밝히면 안 된다"라는 둥 며느리나 여자친구를 견제하는 발언을 서슴지 않는다. 심지어 아침 일찍 아들의 자취방이나 신혼집 비밀번호를 누르고 들어와 침대에 누워 있는 두 사람을 목격하고도 "밥 챙겨주러 왔다"며 당당하게 구는 경우도 있다.

이때 남자의 반응이 결정적이다. 정상적인 성인 남성이라면 화를 내거나, 당장 어머니를 내보내고 비밀번호를 바꿔야 한다. 하지만 그는 도리어 이불을 뒤집어쓰며 숨거나, 불편해하는 당신을 보며 화를 낸다.

"엄마가 챙겨 주러 오신 건데 왜 인상을 써? 너무 예민한 거 아니야?"

그에게 당신의 수치심은 중요하지 않다. 어머니의 무례한 침범은 그에게 따뜻한 보살핌으로 해석되기 때문이다. 당신의 침실은 두 사람만의 성전이 아니라, 어머니가 언제든 드나들 수 있는 공공장소가 되어 버린다. 당신의 몸과 마음은 보호받지 못하고 발가벗겨진 채 그들의 시선 아래 놓이게 된다.

연인이 아니라 며느리 대행

그가 당신을 어머니에게 소개할 때 혹은 어머니에 관해 이야기할 때의 뉘앙스를 잘 살펴봐라. 그는 당신이라는 한 여성의 매력이나 인격을 어머니에게 자랑하는 것이 아니다. 당신이 얼마나 '어머니 마음에 들 만한 며느릿감'인지를 검증받으려 한다.

"우리 엄마가 너 참 참하다고 좋아하시더라."

"엄마가 너한테 김치 보내 준대. 얼른 감사 전화드려."

그는 당신과 어머니를 직접 연결하려고 부단히 애를 쓴다. 당신이 어머니와 친해지기를 바라는 순수한 마음에서가 아니다. 자신이 해야 할 어머니의 감정 케어 역할을 당신에게 외주를 주기 위해서다.

이전에 《운명이라는 착각(북스고, 2025)》에서 나르시시스트는 주변 사람들을 자신의 연장선으로 여기는 걸 풀어낸 바 있다. 이 맥락에서 그는 당신을 독립된 인격체가 아니라, 자신의 효도를 완성시켜 줄 도구, 즉 '대리 효자'로 본다.

당신이 어머니의 비위를 잘 맞추고, 싹싹하게 굴면 그는 당신을 사랑한다(정확히는 칭찬한다). 하지만 당신이 어머니에게 선을 긋거나 불편해하면, 그는 당신을 "이기적이다", "어른 공경할 줄 모른다", "나를 사랑한다면 우리 엄마한테도 잘해야지"라며 비난한다. 당신은 그의 연인이 아니라, 그가 고용한(그러나 월급은 주지 않는) 간병인이자 감정 노동자다.

보이지 않는 경쟁자

당신은 연애하면서 미묘한 패배감을 느낀다. 아무리 노력해도 그가 어머니를 바라보는 눈빛만큼 따뜻하고 깊은 눈빛을 받을 수 없다는 것을 본능적으로 깨닫기 때문이다.

그가 어머니를 걱정하는 마음의 반만이라도 나를 걱정해 줬으면. 그가 어머니에게 쓰는 돈의 반만이라도 우리 미래를 위해 썼으면. 이런 생각을 하는 자신이 초라해지고, 질투심에 사로잡힌 나쁜 여자가 된 것 같아 괴롭다.

하지만 이것은 질투가 아니다. 생존 본능이다. 당신의 파트너가 정서적으로 이미 다른 여자(어머니)와 결혼한 상태라는 사실을, 당신의 본능이 감지한 것이다. 그는 기혼자나 다름없다. 단지 배우자가 어머니일 뿐이다.

그와 어머니의 결속은 너무나 단단하고 촘촘해서, 당신이 끼어들 틈이 없다. 당신이 그에게 서운함을 토로하면, 그는 즉시 어머니의 편에 서서 당신을 공격한다.

"우리 엄마가 나를 어떻게 키우셨는데."

"너는 우리 엄마 발끝도 못 따라가."

그는 당신의 파트너가 아니라 어머니의 변호사다.

이길 수 없는 싸움

인정해야 한다. 당신은 이길 수 없는 싸움을 하고 있다. 당신의 경쟁자는 평범한 시어머니가 아니라, 그가 태어날 때부터 평생을 바쳐 숭배하고 의존해 온 '신'과 같은 존재다.

그는 어머니로부터 독립할 의지가 없다. 아니, 독립이라는 개념 자체가 없다. 그에게 독립은 곧 유기(버려짐)고 죽음이다. 탯줄을 끊으면 죽는다고 믿는 태아에게 "나와서 걸어라"라고 말하는 것은 무의미하다. 그러니 당신이 "어머니야, 나야?"라고 묻는 것은 그에게 "숨을 쉴래, 멈출래?"라고 묻는 것과 같다. 그는 당연히 숨 쉬는 쪽(어머니)을 택할 것이다.

이 보이지 않는 시어머니는 당신이 그와 헤어지는 그 순간까지, 아니 헤어진 후에도 그를 조종하며 당신을 괴롭힐 것이다. 침실까지 들어온 제삼자를 쫓아낼 힘이 그에게는 없다. 그 방의 주인은 당신도, 그도 아닌 어머니이기 때문이다.

당신이 할 수 있는 유일한 일은 그 기이한 셋방살이를 청산하고 당신만의 집으로 걸어 나오는 것뿐이다. 당신의 침실에는 오직 당신을 사랑하는 한 사람만이 들어올 자격이 있다. 시어머니의 그림자가 드리운 침대에서는 결코 편안한 잠을 잘 수 없을 테니까.

또 다른 그림자

: 남매라는 이름의 벽

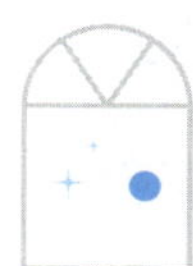

　그의 어머니가 당신의 위에서 내려다보는 감시자라면, 그의 누나(혹은 여동생)는 당신의 옆에서 밀어내는 경쟁자이자 심판관이다.

　연애 초기, 당신은 그가 누나(혹은 여동생)와 유독 사이가 좋다는 사실에 안도했을지도 모른다.

　"남매끼리 우애가 깊은 걸 보니, 가정적이고 따뜻한 사람이구나."

　삭막한 것보단 다정한 남매 사이가 훨씬 보기 좋다고 생각했을 것이다. 하지만 관계가 깊어질수록, 그 '우애'가 단순한 친밀함을 넘어 당신이 들어갈 자리를 원천 봉쇄 하는 견고한 벽임을 깨닫게 된다.

　그와 그녀 사이에는 당신이 도저히 해독할 수 없는 암호 같은 공기가 흐른다. 둘만의 은밀한 농담, 의미심장한 눈빛 교환, 그리고 수십 년의 역사가 쌓아 올린 그들만의 결속력. 당신은 그 옆에서 투명 인간이 된 채, 마치 자막 없는 외국 영화를 보는 듯한 철저한 소외감을 느껴야 한다.

성적 긴장이 제거된 '안전한 아내'

그가 당신에게는 좀처럼 보여 주지 않던 깊은 속내를 누나 (혹은 여동생)에게는 술술 털어놓는 모습을 본 적이 있는가. 당신 앞에서는 방어적이고 회피적이던 그가 그녀와의 통화에서는 어린아이처럼 투정을 부리거나, 시시콜콜한 일상을 공유하며 낄낄거린다.

"누나, 나 오늘 회사에서 진짜 힘들었어. 부장님이 또 말도 안 되는 걸로 트집 잡잖아."

"야, 너 그거 봤어? 그 예능 프로 완전 웃기지 않냐?"

당신은 질투를 넘어선 박탈감을 느낀다.

'왜 나에게는 저런 표정을 보여 주지 않을까?'

'왜 나한테는 힘들다는 말을 안 하고 누나한테만 할까?'

심리학적으로 내현적 나르시시스트인 그에게 누나(혹은 여동생)는 어머니의 안전한 대리인이다. 그는 여성에게 정서적으로 의존하고, 위로받고, 어리광 부리고 싶어 한다. 하지만 연인인 당신과의 관계에는 '성'이라는 요소와 성인 남성으로서의 책임이 개입되어 있다. 10장(95쪽)에서 말한 것처럼 그는 당신 앞에서 멋진 남자로 보여야 한다는 압박감, 그리고 무의식적인 성적 죄책감 때문에 당신에게 완전히 무장 해제 되지 못한다.

반면, 남매 관계는 성적인 긴장이 원천적으로 차단된 안전지대다. 그는 이곳에서 배신감이나 책임감 없이 자신이 원하는 정서적 친밀감과 돌봄을 마음껏 누린다. 그는 당신에게서 채워야 할 정서적 허기를 이미 혈육에게서 채우고 있기에, 당신에게는 껍데기만 내주는 것이다. 당신은 그의 '육체적 연인'일지 몰라도, 그의 '정서적 파트너'이자 '영혼의 단짝' 자리는 이미 다른 여자가 차지하고 있다.

가족 시스템의 수호자
: 보이지 않는 동맹

그의 남매 사이는 단순히 친한 가족이 아니다. 그녀는 어머니를 정점으로 하는 이 기형적인 가족 시스템의 수호자이자 행동대장이다.

그녀는 이 집안의 불문율을 누구보다 잘 알고 있다. 어머니의 심기를 거스르면 안 된다. 우리 착한 아들(오빠 또는 동생)은 보호받아야 한다. 그녀는 당신이 이 룰을 잘 따르는지 매의 눈으로 감시하고, 당신을 이 시스템에 맞게 길들이려 든다.

당신이 그와 갈등을 빚을 때, 그녀는 결코 중립을 지키지 않는다. 그녀는 당신에게 전화를 걸거나 메시지를 보내 은근히 당신을 압박한다.

"올케(혹은 ○○ 씨), 우리 애가 원래 마음이 여려서 그래요.

말은 안 해도 속으로 많이 힘들어하니까 좀 더 이해해 줘요.”

“남자가 사회생활 하다 보면 그럴 수도 있지. 그걸 가지고 너무 몰아세우면 안 돼.”

겉으로는 인생 선배의 조언처럼 들리지만, 실상은 “우리 가족의 질서를 어지럽히지 마라”, “감히 우리 애를 힘들게 하지 마라”는 경고다. 그녀는 당신의 편이 되어 주는 척하면서, 사실은 그가 책임을 회피할 수 있도록 돕는 가장 강력한 조력자다.

비교와 평가의 심판관

그녀는 당신을 끊임없이 평가한다. 당신의 옷차림, 말투, 직업, 심지어 집안 배경까지 스캔하며 우리 식구가 될 자격이 있는지 심사한다. 더욱 견디기 힘든 것은 당신을 그녀와 비교할 때다.

“우리 누나는 이런 거 진짜 잘 챙기는데, 너는 좀 무심한 것 같아.”

“내 동생은 남자친구한테 도시락도 싸 주더라. 너는 그런 거 안 해?”

이 말은 당신의 자존감을 짓밟는 가장 잔인한 비교다. 그는 자신의 혈육을 ‘이상적인 여성상’으로 설정해 두고, 당신이 그 기준에 미치지 못한다며 깎아내린다. 당신은 그가 신성시하는 ‘피붙이’와 경쟁해야 하는 승산 없는 게임에 내몰린다.

당신을 잴 수 있는 유일한 자

그의 누나(혹은 여동생)가 당신에게 가장 위협적인 이유는 그녀가 그에게 있어 여성의 표준이기 때문이다. 그는 무의식적으로 자신의 남매 관계를 이상적인 여성상으로 설정해 두고, 그 기준에 당신을 끼워 맞추려 든다.

그가 무심코 던지는 말들은 비수가 되어 꽂힌다.

"우리 누나는 일하면서도 매일 아침밥 챙겨 먹던데, 너는 좀 게으른 것 같아."

"내 동생은 남자친구한테 이런 거 안 바라. 너는 왜 이렇게 요구하는 게 많아?"

이것은 단순한 비교가 아니다. 자격 심사다. 그는 당신에게 연인으로서의 고유한 매력을 기대하는 것이 아니라, 자신의 혈육이 수행해 온 완벽한 역할(돌봄, 이해, 헌신)을 당신이 얼마나 잘 재현해 내는지를 채점하고 있는 것이다. 당신은 그에게 사랑받기 위해 노력하지만, 그는 채점표를 들고 고개를 가로저을 뿐이다.

'탈락. 우리 누나만큼은 못하네.'

당신은 아무리 노력해도, 수십 년간 쌓아 온 그들의 유대감과 익숙함을 이길 수 없다.

그들만의 리그, 당신은 영원한 2군

그 남매 사이에는 당신이 비집고 들어갈 틈이 없다. 그들은 눈빛만 봐도 무엇을 원하는지 알고, 결핍을 완벽하게 채워 주는 영혼의 파트너다. 그 완벽한 그들만의 리그에 당신은 잠시 초대된 용병일 뿐이다.

당신이 그에게 "누나랑 너무 가까운 거 아니야?"라고 조심스럽게 물으면, 그는 펄쩍 뛰며 화를 낼 것이다.

"가족끼리 친한 게 죄야? 너는 왜 그렇게 마음이 꼬였어? 우리 누나 같은 사람 없어."

그는 자신의 남매 관계가 병리적인 유착이라는 것을 절대 인정하지 않는다. 그에게 그것은 세상에서 가장 자랑스러운 우애이자, 당신이 본받아야 할 사랑의 원형이기 때문이다.

결국 당신은 깨닫게 된다. 이 관계에서 당신은 영원한 2군일 수밖에 없음을. 그가 정서적으로 가장 의지하고, 가장 신뢰하며, 끝까지 지키고 싶은 여자는 당신이 아니라 그의 누나(혹은 여동생)라는 사실을.

이 끈끈한 남매애는 아름다운 우애가 아니다. 서로 독립을 가로막고, 새로운 파트너가 들어올 자리를 원천 봉쇄 하는 족쇄다. 그가 스스로 그 족쇄를 풀고 나오지 않는 한, 당신은 영원히 그 닫힌 문 밖에서 서성이는 불청객으로 남을 것이다. 그리고 불행히도, 그는 그 안이 너무나 따뜻해서 나올 생각이 전혀 없어 보인다. 당신이 문밖에서 얼어 죽을지라도 말이다.

19

견고한 요새

: 그와 가족이라는 '닫힌 사회'

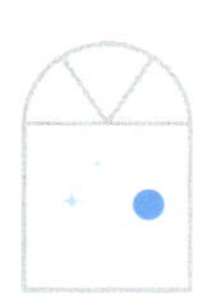

연인과 함께 그의 가족 모임에 참석했던 날을 떠올려 보자. 당신은 그들에게 잘 보이고 싶은 마음에 며칠 전부터 옷을 고르고, 거울을 보며 밝게 웃는 연습을 했을 것이다. 과일 바구니나 선물을 양손 가득 들고 현관문을 들어설 때까지만 해도 당신은 기대에 부풀어 있었다. 그들이 나를 환대해 주고, 그 따뜻한 울타리 안으로 나를 받아 주기를.

하지만 그 자리에 앉아 있는 내내, 당신은 기이한 현기증과 소외감을 느껴야 했을 것이다. 그들은 분명 당신에게 밥을 권하고, 과일을 깎아 주며 친절하게 대했다. 겉으로는 아무런 문제가 없어 보였다. 하지만 묘하게도 당신은 그 공간에 섞이지 못하고 물 위에 뜬 기름처럼 겉도는 느낌을 지울 수 없었다. 마치 투명하고 단단한 돔이 그들을 감싸고 있고, 당신은 그 밖에서 유리를 통해 안을 들여다보는 것 같은 기분.

그들이 나누는 대화의 리듬, 서로 주고받는 눈빛, 그들만이 아는 유머 코드. 그 모든 것은 당신이 해독할 수 없는 암호로 이루어져 있었다. 당신이 그 암호를 이해하려고 애쓰며 어색하게 웃어 보일 때, 그들은 잠시 당신을 쳐다보다가 다시 자기들만의 세계로 획 돌아가 버린다.

당신은 그날 그 집의 문턱을 넘었지만, 마음의 문턱은 넘지 못했다. 당신이 마주한 것은 따뜻한 가정이 아니라, 외부인의 침입을 철저히 거부하는 견고한 요새이자 닫힌사회였기 때문이다.

넘을 수 없는 그들만의 역사

그의 가족에게는 수십 년에 걸쳐 축적된, 당신은 감히 범접할 수 없는 방대한 서사가 존재한다. 물론 어느 가족이나 추억은 있다. 하지만 건강한 가족은 새로운 손님(당신)이 왔을 때, 그를 배려하여 공통의 화제를 찾거나 과거의 이야기를 설명해주며 대화의 원 안으로 초대한다.

그러나 내현적 나르시시스트가 속한 가족 시스템은 다르다. 그들은 당신이 알아들을 수 없는 그들만의 고유명사와 은어들을 남발하며 당신을 철저히 배제한다.

"엄마, 그때 기억나? 제주도 갔을 때 아빠가 그랬잖아. 아, 진짜 대박이었는데."

"맞아. 그때 엄마 표정이 진짜 압권이었지. 우리끼리만 아는 그 표정 있잖아."

그들은 당신을 앞에 두고 자기들끼리 눈을 맞추며 낄낄거린다. 당신이 소외감을 느끼다 못해 "무슨 이야기예요? 저도 좀 알려 주세요"라고 조심스럽게 물으면, 그들은 "아, 별것 아니야. 옛날이야기야", "설명하자면 길어"라며 대화의 문을 쾅 닫아 버린다.

그 순간 당신은 투명 인간이 된다. 그들의 웃음소리가 커질수록 당신의 입가에 걸린 미소는 경련을 일으키고, 손은 갈 곳을 잃는다. 이것은 단순한 무심함이 아니다. 고도로 계산된 텃세다. 그들은 무의식적으로 당신에게 시위를 하고 있는 것이다.

"너는 우리와 섞일 수 없어. 우리의 역사는 너보다 깊고 단단해. 감히 끼어들 생각 하지 마."

당신은 혼자고 그들은 팀이다

이 고립감의 실체는 무엇일까. 인정해야 한다. 당신은 한 남자와 연애하는 것이 아니라, 똘똘 뭉친 팀을 상대로 외로운 싸움을 하고 있다.

그와 그의 누나(혹은 여동생), 그리고 어머니. 이 삼각 편대는 너무나 견고해서, 외부인인 당신이 아무리 노력해도 그 틈을 비집고 들어갈 수 없다. 그들은 서로의 결핍을 채워 주며 완벽하게 자족하고 있기에, 새로운 구성원을 필요로 하지 않는다. 그들에게 필요한 건 가족이 아니라, 그들의 폐쇄적인 왕국을 유지해 줄 관객이나 일꾼일 뿐이다.

당신이 그와 갈등을 빚거나 서운함을 토로했을 때, 그 사실이 가족들에게 알려지면 어떤 일이 벌어지는가. 그들은 중립을 지키거나 "둘이 잘 해결해라"라고 빠져 주지 않는다. 대신 팀원 전체가 벌떼처럼 일어나 당신을 공격한다.

누나가 전화해서 "너 우리 애한테 왜 그러니? 걔가 얼마나 착한 앤데"라고 따지거나, 어머니가 "우리 귀한 아들 기죽이지 마라"며 훈수를 둔다. 심지어 그가 명백한 잘못을 저질렀어도 그들은 눈을 감는다.

"남자가 그럴 수도 있지. 네가 좀 더 참아라."

이 집단적인 옹호 속에서 그는 자신의 잘못을 반성할 기회를 영영 박탈당한다.

그에게 당신은 파트너지만, 그들에게 당신은 '우리 팀의 평화를 깨뜨리는 적군'일 뿐이다. 당신은 한 사람과 싸우는 게 아니라, 뒤에 버티고 선 거대한 가족 이기주의와 싸워야 한다. 이것은 다윗과 골리앗의 싸움보다 더 승산 없는, 기울어진 운동장에서의 게임이다.

내부 고발자가 된 기분

당신이 이 요새의 부조리함을 지적하려 하면, 당신은 순식간에 내부 고발자 혹은 분란 조장자가 된다.

“가족끼리 너무 똘똘 뭉쳐서 내가 들어갈 틈이 없는 것 같아.”

“어머님이 우리 일에 너무 깊이 관여하시는 것 아니야?”

당신이 이렇게 용기 내어 말하면, 그는 당신의 외로움을 달래 주는 대신 정색하며 당신을 비난한다.

“너는 왜 우리 가족을 그렇게 삐딱하게 봐? 우리 가족이 화목한 게 꼴 보기 싫어? 너희 집은 안 그래서 그래?”

그는 당신의 불편함을 질투나 가정환경의 차이로 매도한다. 자신의 가족은 완벽하고 화목한데, 당신이 꼬였거나 불행해서 화목한 우리 집을 시기한다는 논리다. 당신은 졸지에 화목한 가정에 돌을 던지는, 열등감 덩어리에 이상한 여자가 되어 버린다.

하지만 진실을 보자. 그들의 화목함은 건강한 소통과 존중에서 오는 것이 아니다. 서로의 경계선을 침범하고, 지나치게 의존하며, 외부인을 배척함으로써 유지되는 병리적인 유착이다. 그 끈끈함은 접착제가 아니라 족쇄다. 당신은 그 족쇄를 보고 “이건 위험해”라고 말했을 뿐인데, 그들은 족쇄를 사랑이라고 우기며 당신을 밀어내는 것이다.

동화될 것인가, 튕겨 나갈 것인가

이 요새 안으로 들어가기 위해서는 조건이 있다. 당신의 자아를 버리고 그들의 룰에 완벽하게 복종하는 것이다.

어머니를 여왕처럼 모시고, 그의 누나(혹은 여동생)의 비위를 맞추며, 그가 하는 모든 행동을 무조건 지지하는 충실한 하녀가 되어야만 비로소 문을 열어 준다. 자기주장을 하지 않고, 그들의 농담에 무조건 웃어 주고, 부당한 대우도 "가족이니까"라며 참아 내는 사람.

"이제야 철이 들었네. 우리 식구가 다 됐네."

당신이 목소리를 죽이고 그들에게 맞출 때 듣게 되는 칭찬이다. 하지만 그것은 당신을 가족으로 받아들인 것이 아니라, 그들의 요새를 관리할 쓸 만한 일꾼으로 채용한 것에 불과하다.

반대로 당신이 자아를 유지하려 하면, 그들은 끊임없이 당신을 튕겨 낼 것이다. 은밀한 따돌림, 비아냥, 무시 그리고 그가 동참하는 침묵. 이 모든 것이 당신을 스스로 나가떨어지게 만들기 위한 그들의 면역 반응이다. 당신은 그들에게 이식된 장기지만, 거부 반응을 일으키는 이물질 취급을 받는다.

완벽하게 융화된 사람들
: 행복한 며느리의 쇼윈도

그런데 간혹, 이 기이한 요새 안에 완벽하게 융화되어 살아가는 사람들을 볼 때가 있다. 당신은 의아해할 것이다.

'저렇게 이상한 가족이랑 어떻게 저렇게 잘 지낼 수 있지? 역시 내가 사회성이 부족하고 예민했던 걸까?'

SNS를 보면 그들은 완벽해 보인다. 시어머니가 써 준 손 편지를 찍어 올리며 "어머니 사랑해요"라고 감동하고, 시누이에게 받은 명품 선물을 자랑하며 "우리는 자매 같은 사이"라고 과시한다. 그녀는 그 가족의 홍보 담당자라도 된 것처럼, 시댁 식구들이 얼마나 좋은 사람들인지, 우리 가정이 얼마나 화목한지를 대외적으로 알리는 데 열을 올린다.

하지만 부러워하지 마라. 그 화려한 전시 뒤에 숨겨진 심리를 들여다보아야 한다.

그토록 배타적인 집단에 아무런 마찰 없이 융화되었다면, 그것은 그녀 또한 그들과 비슷한 종류의 결핍을 가지고 있을 가능성이 크다. 그녀 역시 내면의 자아가 텅 비어 있어, 화려한 포장으로 자신을 감추고 싶어 하는 욕망이 강한 사람일 수 있다.

그녀에게 시댁의 재력이나 사회적 지위 혹은 사랑받는 며느리라는 타이틀은 자신의 초라한 내면을 가려 줄 완벽한 액세서리다. 그녀는 그 액세서리를 얻기 위해 기꺼이 자신의 영혼을 그들에게 저당 잡히고, 그들이 원하는 연극의 배우가 되기를 자처한 것이다.

그것은 건강한 가족애가 아니라, 서로의 결핍을 채워 주기 위해 맺어진 공생 관계다. 시어머니는 자신을 숭배해 줄 관객(며느리)을 얻었고, 며느리는 자신의 가치를 증명해 줄 배경(시댁)을 얻었을 뿐이다. 그 안에는 진정한 소통도, 존중도 없다. 오직 서로의 이미지를 지켜 주기 위한 공모가 있을 뿐이다.

당신이 섞일 수 없었던 이유

당신이 그 요새에 들어가지 못하고 튕겨 나온 이유는 당신이 부족해서가 아니다. 오히려 너무 건강해서다.

당신은 가짜 행복을 연기하며 살 수 없는 사람이다. 부당한 것을 부당하다고 느끼고, 불편한 것을 불편하다고 말할 줄 아는 살아 있는 감각을 가진 사람이다. 이미 굳어 버린 콘크리트 위에 물 한 방울이 떨어지면 스며들지 못하고 겉도는 것이 당연하다. 그들의 탁한 공기가 당신의 맑은 영혼을 거부한 것이다.

그 요새를 부러워하지 마라. 그곳은 사랑이 넘치는 따뜻한 보금자리가 아니라, 서로의 결핍을 인질 삼아 옭아매고 있는 감옥일 뿐이다. SNS 속의 화려한 사진들은 그 감옥의 창살을 가리기 위한 커튼에 불과하다.

탈출만이 답이다

이 요새는 무너지지 않는다. 그들은 그 안에서 너무나 안전하고 행복하다(비록 병든 행복일지라도). 당신이 아무리 밖에서 소리치고 문을 두드려도, 그들은 문을 열어 주지 않을 것이다. 그들에게 당신은 그들의 완벽한 연극을 방해하는 난입자일 뿐이다.

당신이 선택할 수 있는 길은 두 가지뿐이다. 당신의 영혼을 팔아 그 쇼윈도 안의 마네킹이 되거나, 아니면 뒤도 돌아보지 않고 그곳을 떠나는 것.

소외감은 당신이 건강한 자아를 가진 개인이기 때문에, 병리적인 집단에 융화되지 못해서 느끼는 건강한 이물감이다. 당신은 그 좁고 답답한 요새를 벗어나, 넓고 자유로운 세상에서 진짜 당신의 숨을 쉬어야 한다.

화목한 가족인가, 덩어리진 가족인가

그의 가족들이 보여 주는 끈끈함을 보며 당신은 부러움과 동시에 알 수 없는 질식감을 느꼈을 것이다. 심지어 그 틈에 끼지 못하는 자신을 '사회성이 부족한 사람'이라고 탓했을지도 모른다. 하지만 구조적 가족 치료의 대가 살바도르 미누친Salvador Minuchin은 당신이 느낀 그 질식감이 정확한 진단이라고 말한다.

1. 유착된 가족Enmeshed Family : 경계가 없는 덩어리

미누친은 가족 구성원 간의 경계선Boundary이 너무 희미하여 서로의 자아를 침범하는 상태를 유착Enmeshment이라고 정의했다. 이런 가족은 마치 여러 사람이 한 덩어리로 뭉쳐 있는 것과 같다. 어머니가 슬프면 아들도 슬퍼야 하고, 누나가 누군가를 미워하면 동생도 그를 미워해야 한다. 여기서는 개별성Individuality이 허용되지 않는다. 서로 다른 생각이나 감정을 갖는 것은 곧 가족에 대한 '배신'으로 간주된다. 그들의 화목함은 서로를 존중해서가 아니라 '나'를 지우고 '우리'에게 복종했기 때문에 유지되는 가짜 평화다.

2. 상담의 목표: '중재'가 아니라 '개별화'

흔히 가족 상담을 '가족 간의 싸움을 말리고 사이좋게 지내게 하는 것(중재)'이라고 오해한다. 하지만 미누친은 치료의 목표가 가족을 다시 한 덩어리로 뭉치게 하는 것이 아니라, 엉겨 붙은 덩어리를 떼어 내어 개별화Individuation시키는 것이라고 보았다. 아들이 어머니의 감정에서 독립하고, 형제가 서로의 인생에서 물러나 각자의 경계선을 명확히 세울 때, 비로소 건강한 기능이 회복된다는 것이다.

당신의 경험을 떠올려 보라. 어머니와 가장 사이가 좋고 애틋했던 시절은 언제인가? 아이러니하게도 물리적으로 분리되어 각자의 삶을 살고 있을 때였을 것이다. 매일 얼굴을 맞대고 서로의 삶을 침범하면 전쟁이 되지만, 거리를 두면 비로소 서로가 귀한 손님처럼 여겨지기 때문이다. 갈등이 생기더라도 '따로, 또 같이' 설 수 있어야 진짜 가족이다.

3. 당신이 이방인일 수밖에 없는 이유

당신 곁의 그는 어른이 되었어도 심리적으로는 가족이라는 거대한 자궁에서 태어나지 못한 상태다. 당신이 그 집단에 들어가지 못한 이유는 당신에게 문제가 있어서가 아니다. 당신은 이미 '너와 내가 분리된 독립된 자아'를 가진 건강한 개인이기 때문이다. 유착된 가족에게 독립된 개인은 이질적인 존재다. 그들은 당신을 받아들이기 위해 자신들의 덩어리를 깰 생각이 없다. 그저 당신이 그 덩어리 옆에서 떨어져 나가기를 혹은 당신마저 자아를 버리고 그 덩어리 속으로 녹아들기를 바랄 뿐이다.

20

플라잉 몽키

: 나를 고립시키는 조력자들

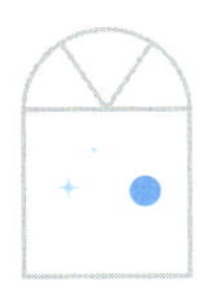

그와의 전쟁에서 당신을 가장 힘들게 하는 것은, 적이 그만이 아니라는 사실이다.

당신이 용기를 내어 친구 혹은 그의 가족에게 그동안 겪었던 부당한 대우와 서러움을 털어놓았을 때를 기억하는가. 당신은 위로를 기대했거나, 적어도 공정한 판단을 바랐을 것이다. 하지만 돌아온 반응은 당신의 등에 꽂히는 비수와 같았다.

"에이, 설마 그 사람이 그랬겠어? 네가 오해한 거 아니야?"

"그 사람처럼 착한 남자가 어디 있다고 그래. 네가 좀 더 잘하지 그랬어."

"너 요즘 너무 예민해서 사람들을 힘들게 한다더라. 그 친구가 너 때문에 마음고생이 심해."

믿었던 친구, 가족 혹은 공통의 지인들이 하나둘씩 당신에게 등을 돌리고, 오히려 가해자인 그를 변호하며 당신을 비난하기 시작한다. 마치 보이지 않는 지령이라도 받은 것처럼, 그들은 입을 모아 "문제는 너야"라고 말한다.

당신은 억울해서 미칠 것 같다. 피해자는 나인데, 왜 세상은 나를 가해자로, 그를 피해자로 보는 걸까? 이 기막힌 상황은 우연이 아니다. 나르시시스트가 당신을 고립시키기 위해 미리 심어 놓은 조종자들, 바로 '플라잉 몽키Flying Monkeys'들이 활동을 시작했기 때문이다.

마녀의 충실한 사냥개들

심리학 용어인 '플라잉 몽키'는 영화 《오즈의 마법사(1939)》에서 서쪽 마녀의 명령을 받고 도로시 일행을 괴롭히는 날개 달린 원숭이들에서 유래했다. 나르시시스트는 자신의 손을 직접 쓰지 않고, 이 대리인들을 내세워 당신을 공격하고 통제한다.

그는 평소 쌓아 놓은 착한 사람이라는 이미지를 십분 활용한다. 당신과의 갈등이 생기거나, 당신이 그를 떠나려는 낌새가 보이면, 그는 재빨리 주변 사람들에게 달려가 '피해자 코스프레'를 시작한다.

"내 여자친구가 요즘 감정 기복이 너무 심해서 힘들어. 내가 다 받아 주려고 하는데도 지친다."

"내가 뭘 잘못했는지 모르겠는데, 걔가 나를 너무 의심하고 구속해. 그래도 내가 참아야겠지?"

그는 교묘하게 사실을 왜곡하고, 자신의 잘못은 쏙 뺀 채 당신의 반응만을 부각해 전달한다. 주변 사람들은 그의 슬픈 눈빛과 헌신적인 태도에 속아 넘어간다. 그들의 눈에 그는 '이상한 여자친구 때문에 고통받으면서도 끝까지 사랑을 지키려는 순정남'으로 비친다.

이제 이들은 자발적인 정의의 사도가 되어 당신을 공격한다. 당신에게 전화를 걸어 "너 그러는 거 아니야", "남자친구한테 잘해 줘"라며 훈수를 둔다. 그들은 자신들이 선한 의도로 조언한다고 믿지만, 실상은 나르시시스트의 학대를 돕는 '대리 가해자' 역할을 하고 있을 뿐이다.

당신의 입을 막는 평판 훼손 과정

이것은 치밀하게 계획된 평판 훼손 과정이다. 그는 당신이 진실을 폭로하기 전에, 미리 선수 쳐서 당신의 신뢰도를 바닥으로 떨어뜨린다. 당신을 예민한 사람, 질투가 심한 사람, 심지어 정신적으로 불안정한 사람으로 낙인찍어 놓는 것이다.

이렇게 되면 나중에 당신이 용기를 내어 그의 학대 사실을 말해도, 사람들은 믿지 않는다. "아, 걔가 말했던 대로 얘가 정말 이상하네"라고 생각하며 당신의 호소를 망상이나 히스테리로 치부해 버린다.

당신은 철저히 고립된다. 아무도 내 말을 믿어 주지 않는다는 공포, 가장 가까웠던 사람들마저 적으로 돌아서는 배신감. 이 고립감이야말로 그가 노리던 것이다. 갈 곳 없는 당신은 결국 다시 그에게로 돌아오거나, 스스로를 의심하며 무너져 내리게 된다.

왜 그들은 나르시시스트의 편을 들까

그렇다면 주변 사람들은 왜 그렇게 쉽게 그에게 속아 넘어가고, 당신을 공격하는 것일까?

첫째, 내현적 나르시시스트의 가면이 그토록 완벽하기 때문이다. 그는 밖에서는 법 없이도 살 천사다. 사람들은 자신이 직접 경험하지 않은 그의 어두운 면을 상상조차 하지 못한다. "내가 아는 그 사람은 절대 그럴 리가 없어"라는 확증 편향이 당신의 진실보다 강력하게 작용한다.

둘째, 플라잉 몽키들 역시 나르시시스트의 또 다른 피해자일 수 있다. 그들은 그에게 인정받고 싶거나 혹은 그와의 관계가 깨지는 것이 두려워 그의 입맛에 맞는 행동을 한다. 나르시시스트는 주변 사람들을 포섭할 때도 칭찬과 선물Love Bombing을 아끼지 않기 때문이다.

셋째, 어떤 이들은 타인의 불행을 가십거리로 소비하는 것을 즐긴다. 그들은 정의감이라는 명분을 내세우지만, 사실은 남의 연애사에 개입하여 훈수를 두는 우월감을 즐기는 것일지도 모른다. 그는 이런 사람들의 심리를 정확히 파악하고 이용한다.

플라잉 몽키들에게 비난받을 때, 당신의 첫 반응은 억울함일 것이다. 그래서 그들을 붙잡고 해명하려 애쓴다. "그게 아니야, 사실은 이랬어", "그 사람이 거짓말하는 거야"라고 말하며 증거를 들이밀고 눈물로 호소한다.

하지만 안타깝게도, 해명은 통하지 않는다. 이미 그들은 나르시시스트가 짜 놓은 프레임 안에서 세상을 보고 있다. 당신이 필사적으로 해명할수록, 그들은 그것을 "역시 감정적이고 불안정하네"라는 신호로 받아들일 뿐이다.

당신의 에너지만 소모될 뿐, 결과는 바뀌지 않는다. 그들과 싸우는 것은 허수아비와 싸우는 것과 같다. 진짜 적은 뒤에 숨어서 웃고 있는데 말이다.

관계의 가지치기가 필요한 시간

이 잔인한 상황에서 당신이 할 수 있는 유일하고도 가장 지혜로운 대처는 무대응과 단절이다.

당신을 믿지 않고 양쪽의 이야기를 공정하게 들으려 하지 않은 채 일방적으로 당신을 비난하는 사람이라면, 그는 더 이상 당신의 친구가 아니다. 그가 가족이라 할지라도 당신에게 상처를 주는 순간 그는 가해자의 조력자일 뿐이다.

아프지만, 인간관계를 정리해야 할 때다. 나르시시스트가 보낸 플라잉 몽키들과 싸우느라 진을 빼지 마라. 그저 조용히 차단하고, 당신의 삶에서 그들을 내보내라.

"네가 무슨 말을 듣고 그렇게 생각하는지 모르겠지만, 나는 더 이상 이 문제에 관해 이야기하고 싶지 않아."

단호하게 선을 긋고, 대화를 종료하라.

진짜 당신을 아는 사람, 당신을 진심으로 아끼는 사람은 뜬소문에 휘둘려 당신을 비난하지 않는다. "네가 그랬을 리가 없어", "무슨 사정이 있었겠지"라며 당신에게 먼저 물어봐 줄 것이다. 플라잉 몽키들이 떠난 자리에 남는 사람들, 그 소수의 '진짜 내 편'만이 당신이 지켜야 할 관계다.

고립을 두려워하지 마라. 썩은 가지를 쳐내야 새순이 돋아난다. 나르시시스트와 그의 꼭두각시들이 없는 세상, 비록 좁아졌을지라도 그곳이 훨씬 더 안전하고 평온한 당신의 진짜 세계다.

21

브레인 포그

: 나의 판단력이 흐려지는 과정

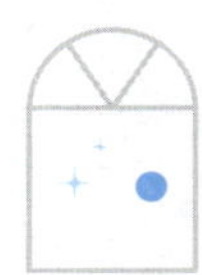

어느 날 아침, 눈을 떴는데 세상이 온통 뿌연 회색빛으로 보이는 경험을 한 적이 있는가. 시력이 나빠진 게 아닌데도 사물의 윤곽이 흐릿하고, 머릿속에는 젖은 솜뭉치를 가득 채워 넣은 것처럼 무겁고 꽉 막힌 느낌. 분명히 익숙한 출근길인데 문득 여기가 어디인지 낯설게 느껴지거나, 방금 하려던 말이 기억나지 않아 입을 벌린 채 멍하니 서 있는 순간들.

당신은 요즘 들어 자신이 어딘가 고장 났다고 느낄 것이다. 마트에서 우유 하나를 고르는 데 10분이 넘게 걸리고, 친구가 하는 말을 자꾸 놓쳐서 "미안, 다시 말해 줄래?"라고 되묻는 일이 잦아졌다. 예전의 당신은 총명하고 야무진 사람이었다. 업무를 빈틈없이 처리했고, 대화의 맥락을 정확히 짚어 냈으며, 자신의 선택에 확신이 있었다. 그런데 지금 거울 속에 있는 사람은 초점을 잃은 눈동자로 허공을 응시하는, 나사가 몇 개 빠진 듯한 낯선 타인이다.

당신은 스스로를 자책한다.

'내가 왜 이렇게 멍청해졌지?'

'스트레스 때문에 조기 치매라도 온 건가?'

하지만 당신의 머리는 나빠지지 않았다. 당신의 뇌는 지금 '브레인 포그Brain Fog', 즉 머리에 안개가 낀 것처럼 멍한 상태에 빠져 있다. 이것은 질병이 아니라, 감당할 수 없는 심리적 공격으로부터 자신을 보호하기 위해 뇌가 셧다운Shutdown을 선언한 비상사태다.

인지 부조화
: 과열된 뇌의 퓨즈가 끊어지다

당신의 뇌가 작동을 멈춘 가장 큰 원인은 '인지 부조화Cognitive Dissonance'라는 과부하 때문이다. 당신의 뇌는 매일 두 개의 상충하는 정보를 처리하느라 쉴 새 없이 돌아가고 있다.

한쪽에서는 당신의 본능과 기억이 외친다.

"이 관계는 잘못됐어. 그는 나를 존중하지 않아. 그가 했던 말은 거짓말이야."

하지만 다른 한쪽에서는 그가 주입한 가스라이팅의 목소리가 덮어씌워진다.

"그는 나를 사랑해. 내가 예민한 거야. 내가 더 노력하면 변할 거야."

이 두 가지 모순된 현실이 24시간 내내 충돌한다.

정보 A : 그는 당신을 사랑한다고 말하면서

정보 B : 당신을 경멸하는 눈빛으로 쳐다본다.

정보 A : 그는 약속을 지키겠다고 했으면서

정보 B : 약속을 어기고는 그런 적 없다고 우긴다.

컴퓨터에 너무 많은 프로그램을 동시에 실행시키면 작동하다 버벅거리며 결국 화면이 멈춰 버리는 것처럼, 당신의 뇌도 이 모순들을 통합하려 애쓰다가 과열되어 버린 것이다. 무엇이 진실인지 가려내는 기능(판단력)이 마비되고, 결국 퓨즈가 끊어진 상태가 바로 '브레인 포그'다. 당신이 멍해지는 것은 뇌가 "더 이상은 생각할 수 없어"라고 백기를 든 결과다.

이중 구속
: 이러지도 저러지도 못하는 쥐

그는 당신을 이중 구속Double Bind이라는 덫에 가두었다. 이것은 어떤 선택을 해도 처벌받게 되는, 출구 없는 미로와 같다.

당신이 그에게 서운함을 표현하면, 그는 "너는 너무 예민하고 부정적이야"라며 비난한다. 그래서 당신이 꾹 참고 아무 말도 하지 않으면, 이번에는 "너는 왜 그렇게 꽁해 있어? 말 안 하면 내가 어떻게 알아?"라며 둔감함을 비난한다. 화를 내면 "감정적이다"라고 하고, 침착하게 말하면 "정이 없다"고 한다.

A를 선택해도 비난받고, B를 선택해도 비난받는다. 이 상황이 반복되면 인간은 학습된 무기력에 빠진다. 어차피 결과가 고통일 것이 뻔하기 때문에, 뇌는 스스로 생각하고 선택하는 기능을 꺼 버린다.

"오늘 뭐 먹을래?"라는 사소한 질문 앞에서도 당신이 머뭇거리게 되는 이유는, 당신의 선택이 늘 부정당했던 경험이 뇌리에 박혀 있기 때문이다. 당신은 바보가 된 것이 아니다. 생각하는 것 자체가 고통이 되어 버린 환경에서, 생각하지 않는 쪽으로 진화한 것이다.

가스라이팅의 완성
: 외장 하드에 의존하기

브레인 포그가 지속되면 당신은 자기 자신에 대한 신뢰를 완전히 상실한다. 자신의 기억이 조작되었거나 틀렸을지도 모른다는 공포 때문에, 당신은 생각하기를 포기하고 타인의 판단에 의존하기 시작한다. 그리고 그 의존의 대상은 아이러니하게도 당신을 이 지경으로 만든 가해자, 바로 그 사람이다.

"내가 아까 뭐라고 했지? 내가 요즘 정신이 없어서…"

"우리가 그때 거기로 가기 했던가? 당신 말이 맞는 것 같아."

당신은 자신의 뇌를 사용하는 대신, 그를 당신의 '외장 하드'로 사용한다. 그가 "너는 그때 이렇게 말했어"라고 하면, 그

것이 사실이든 아니든 "아, 그랬구나"라고 받아들인다. 그가 "저 사람은 나쁜 사람이야"라고 하면, 당신의 느낌과 상관없이 그 사람을 멀리한다.

이것이야말로 그가 노리던 최종 목적지다. 당신이 스스로 사고할 능력을 잃고, 그의 뇌를 통해서만 세상을 보게 되는 상태. 당신은 이제 육체만 남은 껍데기가 되어 그의 조종대로 움직이는 꼭두각시가 되었다. 당신의 멍한 눈동자는 그에게 승리의 트로피다.

신체가 보내는 파업 선언

브레인 포그는 정신적인 현상이지만, 동시에 지극히 신체적인 증상이다. 당신의 몸은 만성적인 긴장 상태로 인해 스트레스 호르몬인 코르티솔에 절어 있다. 신경계는 항상 적의 공격에 대비하느라 과흥분 상태Fight or Flight에 있거나, 반대로 압도되어 셧다운된 상태Freeze를 오간다.

이런 상태에서는 뇌로 가는 혈류량이 줄어들고, 기억을 담당하는 해마의 기능이 위축된다. 당신이 열쇠를 어디 뒀는지 잊어버리고, 방금 읽은 책 내용이 기억나지 않는 것은 당연한 생리적 반응이다. 당신의 몸은 생존을 위해 필수적이지 않은 기능(고차원적인 사고, 기억, 감정 조절)에는 에너지를 보내지 않고 차단하고 있다.

당신은 게을러진 게 아니다. 당신의 몸은 지금 전쟁터 한복판에 있는 병사처럼 탈진해 있다. 아무것도 하고 싶지 않고 침대에만 누워 있고 싶은 무기력증은 더 이상 에너지를 쓰면 죽을 수도 있다는 몸의 절박한 파업 선언이다.

안개 속에서 길을 찾는 법

이 짙은 안개를 걷어 내는 유일한 방법은 무엇일까. 더 좋은 영양제를 먹거나 메모하는 습관을 들이는 것일까? 그런 것은 임시방편일 뿐이다. 안개의 원인은 당신의 뇌 기능 저하가 아니라, 당신 곁에서 끊임없이 안개를 뿜어내고 있는 그 사람이기 때문이다.

안개가 가득 찬 방에서 정신을 차리려고 애써 봤자 소용없다. 그 방에서 걸어 나와 맑은 공기를 마셔야 머리가 맑아진다. 당신이 그와 떨어져 있는 시간, 그와 연락하지 않는 며칠 동안 머리가 맑아지고 숨통이 트이는 것을 경험해 본 적이 있지 않은가? 그것이 신호다.

당신의 판단력은 사라진 게 아니라, 그의 억압 아래 잠시 기절해 있을 뿐이다. 당신이 그 관계에서 한 발짝만 물러서도 당신의 뇌는 놀라운 회복력으로 다시 불을 켜기 시작할 것이다.

자신을 멍청하다고 비난하지 마라. 당신은 지금, 미칠 것 같은 상황에서 미치지 않기 위해 스스로의 감각을 차단하며 필사적으로 버티는 중이다. 그 멍함은 당신이 약해서 나타나는 것이 아니라, 그만큼 처절하게 공격받고 있다는 신호다. 이제 그 고장 난 나침반을 내려놓고, 안개가 없는 곳으로 걸어 나와야 한다. 당신의 머릿속을 맑게 비추던 그 총명한 빛은 그가 없는 곳에서 다시 켜질 것이다.

왜 똑똑한 여자가
가스라이팅에 당할까

가스라이팅 피해자 중에는 사회적으로 유능하고 지적인 여성이 놀라울 정도로 많다. 그녀들은 묻는다.

"내가 바보라서 당한 걸까요?"

심리학은 아니라고 답한다. 오히려 당신의 '높은 공감 능력'과 '지성'이 역설적으로 가스라이팅의 덫을 더 단단하게 만들었을 수 있다.

1. 인지 부조화Cognitive Dissonance : 뇌가 겪는 지진

당신의 뇌는 두 가지 상반된 현실 사이에서 끊임없이 충돌한다.

- **현실 A** : 그는 나를 무시하고 상처를 준다(고통스러운 진실).
- **현실 B** : 그는 나를 사랑하며 좋은 사람이다(믿고 싶은 환상).

이 모순된 정보가 동시에 입력될 때, 뇌는 극심한 스트레스를 받는다. 이를 해결하기 위해 뇌는 무의식적으로 '덜 고통스러운 쪽'을 선택하여 합리화한다. "그가 나쁜 게 아니라, 내가 예민한 거야"라고 믿는 편이, "내가 사랑하는 남자가 사실은 괴물이다"
라는 진실을 마주하는 것보다 당장은 덜 아프기 때문이다.

2. 지능의 역설 : 변호사가 된 뇌

똑똑한 사람일수록 인과관계를 찾아내고 상황을 이해하려는 욕
구가 강하다. 당신의 뛰어난 머리는 그 상황을 분석하는 데 쓰이
지 않고, 그의 모순된 행동에 '그럴듯한 이유'를 붙여 주는 데 쓰
였다. "그는 어린 시절 상처가 있어서 그래", "지금 회사 일이 힘
들어서 저러는 거야" 하며 당신의 지성은 당신을 지키는 대신,
가해자를 변호하는 유능한 변호사가 되어 버렸다.

3. 브레인 포그Brain Fog : 비상 전원 차단

당신이 겪는 멍한 상태, 기억력 감퇴는 뇌 기능의 고장이 아니
다. 과열된 시스템을 보호하기 위해 뇌가 스스로 내린 '비상 셧
다운Shutdown' 조치다. 감당할 수 없는 심리적 공격이 계속되자,
뇌는 생존에 필수적인 기능만 남기고 고차원적인 사고 회로의
전원을 내려 버린 것이다. 당신이 멍해진 건 약해서가 아니다.
당신의 뇌가 지금 당신을 살리기 위해 필사적으로 버티고 있다
는 신호다.

22

무채색이 된 세상

: 나다움을 잃어버린 시간

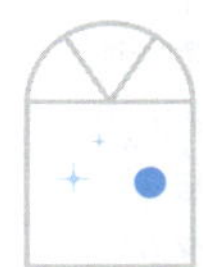

　오랜만에 만난 친구가 걱정스러운 눈빛으로 당신에게 이렇게 묻는다.

　"너 요즘 무슨 일 있어? 예전이랑 좀 달라 보여. 생기가 없다고 해야 하나… 색깔이 빠진 것 같아."

　당신은 "그냥 좀 피곤해서 그래"라고 얼버무리며 황급히 화제를 돌린다. 하지만 집에 돌아와 화장을 지우고 거울 앞에 섰을 때, 당신은 친구의 말이 무슨 뜻인지 뼈저리게 실감한다. 거울 속에는 분명 당신의 얼굴을 한 여자가 서 있지만, 눈동자에는 초점이 없고 표정은 텅 비어 있다. 예전의 당신은 호기심이 많았고, 맛있는 음식 앞에서는 호들갑을 떨었으며, 부당한 일에는 목소리를 높일 줄 아는 사람이었다. 그런데 지금 거울 속에 있는 사람은 마치 영혼이 증발해 버린 듯한 무채색의 껍데기뿐이다.

　어쩌다 이렇게 되었을까. 이 변화는 교통사고처럼 어느 날 갑자기 일어난 게 아니다. 가랑비에 옷 젖듯이 혹은 밀물에 모래성이 허물어지듯이 아주 서서히 진행되었기에 당신조차 눈치채지 못했을 뿐이다. 당신은 그와의 평화를 지키기 위해 당신 자신을 조금씩 잘라 내어 버렸다. 그리고 이제 남은 것은 그가 원하는 모양대로 재단된 납작한 당신뿐이다.

행복에 부과되는 세금

당신이 색깔을 잃어버린 가장 큰 이유는 이 관계 안에서 '행복'이 '갈등의 원인'으로 학습되었기 때문이다.

기억을 되돌려 보자. 당신이 친구들과 즐겁게 여행을 다녀왔던 날 혹은 새로운 취미를 시작하며 눈을 반짝였던 날, 그는 어떤 반응을 보였는가? 함께 기뻐해 주었는가? 아니다. 그는 미묘하게 기분이 나빠 보이거나, 갑자기 아프다고 하거나, 별것 아닌 일로 트집을 잡아 싸움을 걸었다.

"너는 참 속도 편하다. 나는 이렇게 힘든데 너만 신났네."

"그 취미가 그렇게 중요해? 나랑 보낼 시간도 없으면서."

14장(136쪽)처럼 그는 당신이 자신을 통하지 않고 독자적으로 기쁨을 느끼는 것을 견디지 못한다. 당신의 활력은 그에게 소외감을, 당신의 독립성은 그에게 통제 불가능하다는 불안감을 주기 때문이다. 그래서 그는 당신이 행복해질 때마다 은밀한 처벌을 가한다.

이 패턴이 반복되면 당신의 뇌는 무서운 공식을 학습한다.

‘내가 기뻐하면 그가 화를 낸다. 내가 행복해지면 우리 관계가 위태로워진다.’

이 공식이 입력된 순간부터 당신은 무의식적으로 행복을 검열하기 시작한다. 좋은 일이 생겨도 표정을 숨기고, 즐거운 약속이 생겨도 취소하거나 거짓말을 한다. 기쁨을 느끼는 것 자체가 죄책감이 되고, 행복 뒤에는 반드시 감정의 세금(그의 짜증)을 내야 한다는 공포가 당신을 짓누른다. 결국 당신은 세금을 내지 않기 위해, 아예 행복해지지 않기를 선택한다. 스스로 감정의 볼륨을 음 소거 해 버리는 것이다.

취향의 거세
: 메뉴판이 두려운 사람들

자아를 잃어버린 신호는 일상의 사소한 선택에서 가장 극명하게 드러난다. 식당에 가서 메뉴판을 펼쳤을 때, 당신은 무엇을 먹고 싶은지 결정할 수 있는가?

예전의 당신은 “나는 매운 거!” 혹은 “오늘은 파스타!”라고 주저 없이 말했을 것이다. 하지만 지금 당신은 메뉴판 앞에서 한참을 망설이다가 슬그머니 그에게 묻는다.

“당신은 뭐 먹을 거야? 나는 아무거나 괜찮아.”

이것은 배려가 아니다. ‘취향의 거세’다. 당신이 과거에 무언가를 선택했을 때, 그가 보였던 “그거 맛없어”, “센스 없다”,

"비싸기만 해" 같은 부정적인 반응들이 선택 기능을 마비시킨 것이다. 내 의견을 냈다가 무시당하거나 비난받느니, 차라리 선택권을 포기하고 그에게 맞추는 것이 안전하다고 판단한 결과다.

이런 일이 반복되면서 당신은 자신이 무엇을 좋아하는지, 무엇을 싫어하는지조차 잊어버리게 된다. 음악, 영화, 음식, 여행지… 그 모든 데이터가 삭제된다. 당신은 그가 좋아하는 것을 좋아하고, 그가 싫어하는 것을 싫어하는, 그의 취향을 복제한 아바타가 되어 버린다.

쪼그라든 세계
: 고립된 섬

당신의 세계는 한때 넓고 다채로웠다. 주말이면 친구들을 만나 수다를 떨고, 퇴근 후에는 운동하거나 책을 읽으며 자신만의 시간을 즐겼다. 하지만 지금 당신의 세계는 오직 '그'라는 하나의 점으로 수렴되었다.

그는 당신이 외부와 연결되는 것을 끊임없이 방해했다. 친구를 만나러 가면 계속 전화를 걸어 감시하거나, 다녀온 뒤에는 "네 친구들은 너를 물들인다"라며 비난했다. 가족과 시간을 보내려 하면 "나보다 가족이 더 중요하냐"며 유치한 질투를 했다.

당신은 그와의 마찰을 피하고자 하나둘씩 약속을 줄여 나

갔다.

'그냥 안 만나고 말지. 설명하기 귀찮아.'

그렇게 친구들과 멀어지고, 동호회를 탈퇴하고, 혼자만의 시간을 포기했다.

이제 당신의 휴대폰은 울리지 않는다. 주말에 그가 바쁘다고 하면, 당신은 할 일이 없어 멍하니 집안을 서성거린다. 당신의 인간관계, 사회적 활동, 취미는 모두 말라 죽었다. 당신은 세상과 단절된 채 오직 그라는 행성 주위만을 공전하는 외로운 위성이 되었다. 문제는 그 행성이 당신에게 빛을 주지 않는다는 점이다.

감정의 마비
: 아프지 않기 위해 느끼지 않는다

무채색 세상의 마지막 단계는 '감정의 마비Emotional Numbness'다.

계속해서 보이는 눈치와 긴장감, 비난, 억울함. 이 고통스러운 감정들을 매일 생생하게 느낀다면 인간은 미쳐 버릴지도 모른다. 그래서 당신의 생존 본능은 고통을 차단하기 위해 감각 스위치를 내려 버린다. 이것을 심리학에서는 '해리Dissociation'라고 부른다.

당신은 슬퍼도 눈물이 잘 나지 않고, 화가 나도 멍할 뿐이다. 기쁜 일이 있어도 가슴이 뛰지 않는다. 마치 두꺼운 유리 벽 안에 갇힌 것처럼 세상의 모든 자극이 둔탁하게 느껴진다. 그가 당신에게 상처 주는 말을 해도 "또 시작이네" 하고 무감각하게 넘긴다.

이것은 평온함이 아니다. 마음이 죽어 가고 있다는 신호다. 고통을 느끼지 못한다는 것은 위험을 감지하고 피할 능력조차 상실했다는 뜻이다. 당신은 살아 있지만, 정서적으로는 가사 상태에 빠진 식물인간이나 다름없다.

카멜레온은 보호색을 풀고 싶다

카멜레온은 천적을 피하고자 주변 환경에 맞춰 자신의 몸 색깔을 바꾼다. 하지만 당신은 너무 오랫동안 그가 원하는 색깔로만 살았다. 그가 회색을 원하면 회색이 되고, 그가 투명해지길 원하면 투명해졌다. 그러다 보니 당신은 본래 색이 무엇이었는지 잊어버렸다.

누군가를 사랑한다는 이유로 나 자신을 지워야 한다면, 그것은 사랑이 아니라 자기 소멸이다.

이제 거울을 다시 보라. 그 흐리멍덩한 눈빛은 당신의 것이 아니다. 그것은 그가 씌운 억압의 필터다.

당신은 원래 붉은 열정을 가졌고, 푸른 이성을 지녔으며, 노란 웃음을 터뜨릴 줄 아는 사람이었다. 그 다채로웠던 색깔들은 사라진 것이 아니라 그의 회색 그늘에 덮여 있을 뿐이다.

무채색의 감옥에서 걸어 나와야 한다. 당신이 다시 친구들을 만나 웃고, 매운 떡볶이를 먹으며 땀을 흘리고, 촌스러운 옷이라도 입고 싶은 것을 입을 때 당신의 색깔은 돌아온다. 그가 찡그리든 말든, 불안해하든 말든 상관없다. 당신의 색을 되찾는 일은 죽어 가던 당신에게 산소 호흡기를 대는 일만큼이나 시급하고 절박한 과제다.

트라우마 본딩

: 알면서도 떠나지 못하는 중독

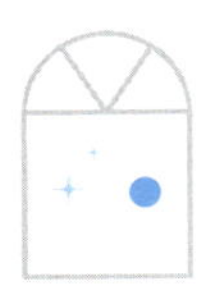

당신은 이미 알고 있다. 이 관계가 당신을 망가뜨리고 있다는 것을. 친구들은 답답한 가슴을 치며 "도대체 왜 아직도 그런 사람을 만나?"라고 묻고, 거울 속의 피폐해진 자기 자신도 "제발 이제 그만하자"라고 비명을 지른다. 머리로는 명확하다. 이 배는 침몰하고 있고, 살기 위해서는 당장 뛰어내려야 한다는 사실을.

그런데 기이하게도 발이 떨어지지 않는다. 그와 헤어지려고 마음먹는 순간, 심장이 터질 듯한 불안감이 엄습하고 숨이 막혀 온다. 그가 나쁜 사람이라는 증거가 산더미처럼 쌓여 있는데도, 당신의 마음 한구석에서는 자꾸만 그를 변호하는 목소리가 들려온다.

'그래도 그 사람, 본심은 착한데…'

'내가 조금만 더 노력하면 예전처럼 돌아갈 수 있을 텐데.'

당신은 자신이 미쳤거나, 의지가 박약한 바보라고 자책했을지 모른다. 하지만 이것은 사랑 때문이 아니다. 당신이 약해서도 아니다. 이것은 '트라우마 본딩Trauma Bonding', 우리말로 '외상적 유대'라고 불리는 중독 현상이다. 당신은 그를 사랑하는 것이 아니라, 고통과 구원이 뒤섞인 이 지독한 패턴에 뇌가 중독되어 버린 것이다.

슬롯머신의 법칙
: 간헐적 강화

왜 도박꾼들은 돈을 잃으면서도 슬롯머신 앞을 떠나지 못할까? 만약 레버를 당길 때마다 꽝이기만 하거나 돈만 나온다면 금방 흥미를 잃을 것이다.

도박이 무서운 이유는 보상이 '예측 불가능하게' 그리고 '가끔' 주어지기 때문이다. 언제 터질지 모르는 잭팟에 대한 기대감, 그 희박한 확률이 뇌를 흥분시키고 레버를 놓지 못하게 만든다. 이것을 심리학 용어로 '간헐적 강화Intermittent Reinforcement'라고 한다.

당신 곁의 내현적 나르시시스트는 인간 슬롯머신이다. 그는 90%의 시간 동안 당신을 무시하고, 비난하고, 불안하게 만든다(꽝). 하지만 당신이 지쳐서 나가떨어지려고 하는 바로 그 순간 혹은 아주 뜬금없는 타이밍에 갑자기 10%의 다정함(당첨!)을 터뜨린다.

차가웠던 그가 갑자기 "미안해, 내가 요즘 너무 예민했지?"

라며 눈물을 글썽인다. 연락을 무시하던 그가 갑자기 꽃다발을 들고 찾아와 "너밖에 없어"라고 속삭인다. 무심했던 그가 갑자기 연애 초기의 그 뜨거웠던 눈빛으로 당신을 바라본다.

이 순간, 당신의 뇌에서는 도파민이 폭발한다. 그동안 겪었던 고통은 순식간에 잊히고, 엄청난 안도감과 쾌감이 밀려온다.

'그래, 이게 진짜 그 사람의 모습이야. 그동안은 그가 힘들어서 그랬던 거야.'

당신은 가끔 주어지는 보상에 낚여 다시 고통스러운 90%의 시간을 견딜 연료를 얻는다. 그는 이 타이밍을 본능적으로 안다. 당신을 완전히 잃지 않을 만큼, 딱 그만큼만 빵 부스러기를 던져 주며 당신을 허기진 상태로 묶어 두는 것이다.

고통을 주는 사람이 구원자가 될 때

트라우마 본딩이 무서운 이유는 고통을 주는 사람(가해자)과 고통을 덜어 주는 사람(구원자)이 동일 인물이라는 점이다.

그는 당신을 벼랑 끝으로 밀어붙인다. 침묵으로 불안하게 만들고, 비난으로 자존감을 깎아내린다. 당신은 극도의 스트레스 상태에 빠진다. 그런데 아이러니하게도, 이 공포와 불안을 잠재워 줄 수 있는 유일한 사람 또한 그 사람뿐이다.

그가 미소를 보여 주거나 따뜻한 말을 건네면 당신의 공포는 눈 녹듯 사라진다. 당신은 자신을 아프게 한 사람에게서 치유받는다. 이 과정에서 뇌는 착각을 일으킨다.

"이 사람은 나에게 생명줄 같은 존재구나."

이것은 인질이 납치범에게 동화되는 스톡홀름 증후군 Stockholm Syndrome(피해자가 가해자에게 오히려 호감이나 유대감을 느끼는 현상이다. 1973년 스웨덴 스톡홀름에서 발생한 은행 인질 사건에서 인질들이 범인을 옹호하고 경찰에 적대적인 태도를 보인 데서 유래했다. 생존이 가해자의 손에 달린 상황에서는 그가 베푸는 작은 친절이 거대한 구원처럼 느껴진다)과 유사하다. 생살여탈권을 쥔 사람이 베푸는 작은 호의는 생명에 대한 은혜로 느껴진다. 당신은 그가 때리지 않은 날을 감사해하고, 그가 무시하지 않은 날을 행복해한다. 기준점이 바닥까지 낮아진 것이다.

금단현상
: 사랑이 아니라 화학 작용이다

당신이 그와 헤어지려 할 때 느끼는 찢어질 듯한 가슴 통증, 식은땀, 불면증. 이것은 그리움이라기보다는 마약 중독자가 약을 끊을 때 겪는 '금단현상'과 생리학적으로 똑같다.

관계 속에서 당신의 몸은 코르티솔(스트레스 호르몬)과 도파민(보상 호르몬)의 롤러코스터에 적응해 버렸다. 그가 없으면 뇌는 도파민을 공급받지 못해 비명을 지르고, 코르티솔 수치는 치솟아 불안에 떨게 된다.

당신이 그에게 다시 연락하고 싶은 충동을 느끼는 것은 그를 사랑해서가 아니라 뇌가 강렬한 화학적 자극을 원하기 때문이다. 당신은 지금 알코올 중독자가 술을 참는 것과 같은 처절한 싸움을 하고 있는 것이다. 그러니 의지가 약하다고 자책하지 마라. 당신은 아픈 것이지, 바보 같은 게 아니다.

희망이라는 이름의 고문

트라우마 본딩의 주 연료는 다음과 같은 희망이다.

"내가 더 잘하면 그가 변할 거야."

"그는 상처가 많아서 그래. 내가 치유해 줄 수 있어."

"우리가 좋았던 그때로 돌아갈 수 있을 거야."

하지만 잔인하게 말하자면, 그 희망이야말로 당신을 죽어 가게 만드는 독이다. 당신이 기억하는 연애 초기의 그 다정했던 모습Love Bombing은 그의 본모습이 아니라, 당신을 낚기 위해 사용했던 미끼였다. 미끼는 물고기를 잡은 뒤에는 더 이상 쓰지 않는다.

그가 가끔 보여 주는 따뜻함은 당신을 사랑해서가 아니라 도망가려는 당신을 다시 주저앉히기 위한 통제 수단일 뿐이다. 슬롯머신은 돈을 벌게 해 주려고 잭팟을 터뜨리는 게 아니다. 당신이 가진 마지막 동전 하나까지 다 털어먹기 위해 잭팟을 터뜨린다.

이 지독한 사슬을 끊는 방법은 단 하나다. 이것이 '사랑'이 아니라 '중독'임을 뼈저리게 인정하는 것이다.

알코올 중독 치료의 첫걸음이 자신이 중독자임을 시인하는 것이듯, 당신도 인정해야 한다.

"나는 그를 사랑하는 게 아니라, 그가 주는 간헐적인 보상에 중독되었다."

이 문장을 소리 내어 말해 보라.

그리고 물리적, 정서적 공급을 완전히 끊어야 한다. 마약을 조금씩 줄이는 방법은 없다. 단번에 끊어야 한다. 23장(218쪽)부터 다룰 경계선 긋기와 노 컨택트No Contact가 필요한 이유다.

당장은 죽을 것처럼 힘들 것이다. 금단현상이 당신을 덮칠 것이다. 하지만 장담컨대, 그 고통은 영원하지 않다. 약기운이 빠지고 뇌가 정상적인 호르몬 체계를 회복하는 순간은 반드시 온다.

진정한 사랑은 당신을 불안하게 만들지 않는다. 사랑은 롤러코스터가 아니라, 잔잔한 호수 위를 떠가는 배처럼 편안하고 안전한 것이다. 미치도록 좋았다가 미치도록 괴로운 것, 그것은 사랑이 아니라 병이다. 이제 그 병든 놀이기구에서 내려와 땅을 디디고 서야 할 시간이다.

사랑이 아니라
'도박'에 중독된 뇌

이성적으로는 헤어져야 한다는 것을 알면서도, 그가 조금만 다정해지면 다시 무너지는 자신을 보며 당신은 '의지박약'이라고 자책했을 것이다. 하지만 뇌과학은 이것을 의지의 문제가 아니라고 말한다. 당신의 뇌는 지금 카지노의 도박꾼과 정확히 똑같은 기제에 의해 '중독'된 상태다.

1. 간헐적 강화 Intermittent Reinforcement : 랜덤 보상의 덫

행동 심리학자 스키너의 실험에 따르면, 쥐는 레버를 누르면 먹이가 무조건 나올 때보다 '랜덤'으로 나올 때 더 집착하고 미친 듯이 매달렸다. 이것이 도박 중독의 원리다. 나르시시스트는 아홉 번 차갑다가 예측할 수 없는 순간에 단 한 번의 다정함을 보여 준다. 당신의 뇌는 그 불확실한 한 번의 보상(잭팟)을 기대하며, 나머지 아홉 번의 고통을 견디도록 프로그래밍된다. 그의 다정함은 사랑이 아니라, 당신을 붙들어 매기 위한 '미끼'다.

2. 호르몬의 롤러코스터 : 공포와 구원의 화학 작용

관계 안에서 당신의 뇌는 극단적인 호르몬 변화를 겪는다.

- **코르티솔**Cortisol : 그가 비난하거나 침묵할 때 분비되는 스트레스 호르몬이다. 당신은 극도의 공포와 불안을 느낀다.
- **도파민**Dopamine : 그가 사과하거나 안아 줄 때 분비되는 쾌락 호르몬이다. 불안이 해소되며 엄청난 안도감을 느낀다.

이 지옥(코르티솔)과 천국(도파민)을 오가는 낙차가 반복되면, 뇌 회로는 이 강렬한 자극 없이는 밋밋해서 견딜 수 없는 상태가 된다. 당신이 그를 못 떠나는 것은 고통을 준 그 사람이 고통을 멈춰 줄 유일한 '구원자(약 공급책)' 역할을 하기 때문이다.

3. 금단현상Withdrawal

이별 후 당신이 겪는 심장 떨림, 식은땀, 그를 향한 갈망은 그리움이라기보다 마약 중독자가 겪는 '금단현상'에 가깝다. 인정해야 한다. 당신은 그를 사랑하는 것이 아니라, 그가 제공하는 도파민에 생화학적으로 묶여 있을 뿐이다. 이것은 로맨스가 아니라, 치료가 필요한 '뇌의 질병'이다.

혼자 있을 수 있는 능력은 역설적으로 말하
면 사랑할 수 있는 능력의 조건이 된다.

– 에리히 프롬

이제 당신은 그가 누구인지 그리고 당신이 어디에 서 있는지 알고 있다. 하지만 안다는 것과 변한다는 것 사이에는 거리가 있다.

"그래도 내가 노력하면 그가 변하지 않을까?"
"내가 치유해 줄 수 있지 않을까?"

이 파트에서는 당신의 발목을 잡고 있는 그 미련, 구원자 환상부터 내려놓는다. 당신은 그를 고칠 수 없다. 그는 마법에 걸린 왕자가 아니라, 스스로 변할 의지가 없는 성인일 뿐이다.

이제 그에게서 당신에게로 시선을 돌릴 때다. "나는 아프다"라고 말하는 법, 명확하게 경계선을 긋는 법 그리고 필요하다면 관계를 끊어 내는 단호함에 대해 이야기할 것이다. 당신은 누군가의 그림자로 살기 위해 태어난 사람이 아니다.

Part 5

다시, 나로 서기

해방 Liberation

24

예비된 악몽

: 그와 결혼하여 아이를 낳는다면

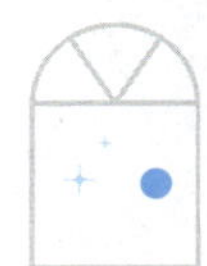

이별을 망설이는 사람들의 마음속에는 희미하지만 끈질긴 희망 회로가 돌아간다.

'지금은 불안정하지만, 결혼이라는 제도가 우리를 묶어 주면 그도 책임감을 느끼지 않을까?'

'아이가 태어나면 그도 아버지가 될 테니, 어머니의 품에서 나와 진짜 어른이 되지 않을까?'

당신은 결혼과 출산이 이 관계의 해결책이 될 거라 믿고 싶을 것이다. 하지만 냉정하게 말해 두겠다. 내현적 나르시시스트 그리고 어머니와 유착된 착한 아들과의 결혼에서 아이는 해결책이 아니다. 아이는 인질이자, 이 비극을 다음 세대로 연장하는 새로운 희생양이 될 뿐이다.

대리모가 된 아내

결혼식을 올리고 신혼여행에 다녀오는 순간까지는 그럭저럭 괜찮을 수 있다. 진짜 문제는 아이가 생기는 순간부터 시작된다.

임신 소식을 알렸을 때, 그와 시어머니는 뛸 듯이 기뻐할 것이다. 당신은 그 환대 속에서 '이제야 진짜 가족이 되었구나'라고 안도할지도 모른다. 하지만 그 기쁨의 주어는 당신이 아니다. 시어머니에게 손주는 우리 가문의 핏줄이자 아들의 분신이다. 당신은 그 귀한 핏줄을 담고 있는 그릇이나 대리모로 여겨질 뿐이다.

출산 후, 산후조리원 혹은 집에서 아이를 안고 있을 때 미묘한 일이 벌어진다. 시어머니는 너무나 자연스럽게 그리고 당당하게 당신의 육아에 개입하기 시작한다.

"애가 너한테 안겨 있으니까 불편해 보이네. 이리 줘 봐라. 내가 안아 줄게."

"아직 몸도 안 풀렸는데 넌 가서 좀 쉬어라. 애는 내가 볼 테니까."

겉보기엔 며느리를 위한 배려처럼 보인다. 하지만 그 말속에는 뼈가 있다. '너는 아직 서투르다', '내가 너보다 더 잘 안다'라는 무언의 메시지다. 당신이 아이를 재우는 방식, 젖병을 물리는 각도, 심지어 아이에게 입히는 옷 하나까지 시어머니의 확인을 받아야 하는 상황이 벌어진다.

그녀는 당신의 방식을 존중하지 않는다. "우리 때는 안 그
랬다", "애가 추워 보인다"라며 당신의 결정을 무시하고 자신
의 방식대로 아이를 다룬다. 당신은 아이의 엄마가 아니라, 시
어머니의 지시를 따르는 초보 보모나 육아 도우미로 전락한
다. 가장 친밀해야 할 모자 관계 사이에 시어머니가 비집고 들
어와 엄마의 자리를 차지해 버리는 것이다.

이때 남편은 무엇을 하는가? 그는 당신의 박탈감을 전혀 이
해하지 못한다. 오히려 당신을 나무란다.

"엄마가 도와주신다는데 왜 그래? 당신 편하게 해 주시려
는 거잖아. 고맙다고는 못 할망정."

그는 당신의 편을 드는 대신, 어머니의 선의를 변호하기 바
쁘다. 그에게는 엄마와 자식이 만나는 그 장면이 세상에서 가
장 아름다운 효도의 완성으로 보이기 때문이다. 당신이 느끼
는 소외감은 그에게 예민한 산후 우울증으로 치부될 뿐이다.

두 명의 아이를 키우는 독박 육아

더 큰 문제는 그가 아버지가 되기를 거부한다는 점이다.
8장(80쪽)에서 언급했듯 그는 영원한 소년이다. 그는 아이가
태어나면 아버지로서의 책임감을 느끼는 게 아니라, 자신에게
쏟아지던 당신의 관심이 아이에게로 옮겨 간 것에 대해 질투
를 느낀다.

아이가 울어서 당신이 밤잠을 설치고 있을 때, 그는 "시끄러워서 잠을 못 자겠다"라며 다른 방으로 건너가거나, "나 내일 출근해야 해"라며 당신에게 모든 육아를 떠넘긴다. 주말에 당신이 "아이 좀 봐줘"라고 하면, 그는 "나도 평일에 힘들었어. 좀 쉬자"라며 게임기를 잡거나 어머니 집으로 도망친다.

당신은 갓 태어난 아기와 몸만 큰 아기(남편)를 동시에 돌봐야 하는 처지에 놓인다. 그는 기저귀 한번 갈아 주는 것을 엄청난 유세로 여기고, 밖에서는 "육아 대디" 흉내를 내며 칭찬받으려 한다. 집 안에서의 독박 육아와 정서적 방치는 오로지 당신의 몫이다.

삼대로 이어지는 대물림

가장 끔찍한 비극은 이 병리적인 관계가 당신의 아이에게 그대로 대물림된다는 사실이다.

만약 아들이 태어난다면, 시어머니는 남편에게 했던 것과 똑같은 방식으로 손자에게 집착할 것이다. "아빠보다 할머니가 더 좋지?"라고 세뇌하며, 손자를 자신의 새로운 정서적 남편으로 삼으려 든다. 남편은 이를 말리지 않는다. 오히려 자신의 짐(어머니의 감정받이 역할)을 아들이 나눠지게 된 것을 은근히 다행으로 여긴다. 당신의 아들은 또 다른 착한 아들이 되어 질식할 것이다.

만약 딸이 태어난다면, 상황은 다르게 위험하다. 시어머니나 남편(나르시시스트)은 딸을 경쟁자로 여기거나 혹은 철저히 무시할 수 있다. 딸은 집안의 가장 약한 고리로서 감정 쓰레기통 역할을 물려받거나, "너는 엄마처럼 드세면 안 된다"라는 가스라이팅 속에서 자존감 없는 아이로 자라날 가능성이 크다.

당신은 아이를 보호하려 애쓰겠지만, 역부족이다. 아이는 아빠가 엄마를 무시하고, 할머니가 엄마를 조종하는 것을 보며 자란다. 그 아이에게 '가족'이란 서로를 착취하고 눈치 보는 공간으로 각인된다. 이것이야말로 당신이 아이에게 물려주게 될 가장 슬픈 유산이다.

당신은 아이에게 죄를 짓는 것이다

당신이 이 관계를 끊지 못하고 결혼하여 아이를 낳는다면, 그것은 당신 혼자 고통받는 것으로 끝나지 않는다. 당신은 아무 죄 없는 한 생명을 출구가 없는 병리적인 시스템 안으로 초대하는 것이다.

나르시시스트 부모 혹은 유착된 고부 관계 속에서 자란 아이들은 평생 치유하기 힘든 트라우마를 안고 살아간다. 그들은 자아가 형성되기도 전에 타인의 눈치를 보는 법부터 배우고, 사랑은 조건부이며 헌신해야만 얻을 수 있는 것이라고 학습한다. 훗날 아이가 커서 이렇게 물을지도 모른다.

"엄마는 아빠가 이상하다는 걸 알면서 왜 결혼하고 나를 낳았어? 왜 도망치지 않았어?"

그때 당신은 무엇이라고 대답할 것인가. "네가 태어나면 아빠가 변할 줄 알았어"라는 변명은 아이에게 너무나 잔인하다.

도망치는 것이 곧 모성이다

아직 늦지 않았다. 아직 결혼 도장을 찍지 않았다면, 아직 아이가 생기지 않았다면 당신에게는 기회가 있다.

이 미래를 막을 수 있는 유일한 방법은 당장 이 기차에서 뛰어내리는 것이다. 당신이 그를 떠나는 것은 태어나지 않은 아이를 지옥에서 구출하는 가장 위대한 모성의 발휘다.

그는 변하지 않는다. 아버지가 되어도, 할아버지가 되어도 여전히 어머니의 아들일 뿐이다. 당신의 아이에게 필요한 아버지는 자신의 어머니보다 아내와 아이를 먼저 지킬 줄 아는 단단한 등짝을 가진 남자다.

예비된 악몽의 시나리오를 읽고도 가슴이 서늘해지지 않는다면, 당신은 아직 꿈속에 있는 것이다. 하지만 나는 안다. 당신의 본능은 이미 이 공포가 현실이 될 것임을 감지하고 있다는 것을. 이제 눈을 뜨고, 악몽이 현실이 되기 전에 그 방문을 박차고 나와야 한다.

25

당신은 그를 고칠 수 없다

{ 구원자 환상 버리기 }

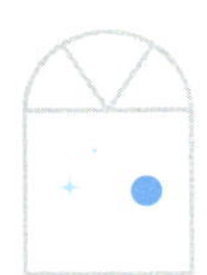

당신은 지금까지 수없이 많은 밤을 눈물로 지새우며 기도했을 것이다.

'제발 그가 변하게 해 주세요.'

'나의 진심이 그에게 닿아서, 그가 따뜻한 사람으로 다시 태어나게 해 주세요.'

당신의 사랑은 숭고했다. 그의 차가운 가슴을 녹이기 위해 당신의 온기를 다 내주었고, 그의 텅 빈 내면을 채우기 위해 당신의 영혼을 퍼다 날랐다. 당신은 믿었다. 벨의 사랑이 야수의 저주를 풀었듯이, 평강공주의 내조가 바보 온달을 장군으로 만들었듯이, 당신의 헌신적인 사랑이 그를 구원할 수 있을 것이라고.

하지만 냉정하게 현실을 직시해 보자. 당신이 그토록 노력했음에도 불구하고, 그는 변했는가? 아니, 변할 기미라도 보였는가?

아마도 그는 잠깐 변하는 척했을 것이다. 당신이 떠나려 할 때마다 눈물을 흘리며 매달리고, 며칠 동안은 다정한 연인 코스프레를 했을 것이다. 하지만 그것은 변화가 아니라 '연기'였고, 반성이 아니라 위기 모면이었다. 시간이 지나면 그는 어김없이 원래의 자기중심적이고 냉담한 모습으로 되돌아갔다.

이제 인정해야 할 때가 왔다. 이 문장을 소리 내어 읽어 보라. 가슴이 찢어지게 아프더라도, 이것만이 당신을 살릴 수 있는 유일한 진실이다.

"당신은 그를 고칠 수 없다."

고장 난 라디오를 흔들어도 음악은 나오지 않는다

당신은 그를 상처 입은 영혼이라고 생각하며 연민을 느꼈을 것이다. 어린 시절의 결핍 때문에, 어머니의 잘못된 양육 때문에 그가 이렇게 되었다고 믿으며, 당신이 그 결핍을 채워 주면 그가 치유될 거라 기대했을 것이다.

하지만 착각하지 마라. 그는 고장 난 라디오다. 내부의 배선이 끊어지고, 주파수를 잡는 부품 자체가 망가져 있는 기계다. 당신이 아무리 라디오를 닦아 주고, 안테나를 이리저리 돌려 보고, 사랑스럽게 쓰다듬어도 그 라디오에서 음악이 흘러나올 리 없다.

사람을 변화시키는 것은 오직 자신의 몫이다. 변화의 전제

조건은 자각과 고통이다. 자신이 문제라는 것을 뼈저리게 깨닫고, 그 문제 때문에 죽을 만큼 괴로워야 비로소 변화의 동기가 생긴다.

그러나 내현적 나르시시스트인 그는 자신의 문제를 자각하지 않는다. 그는 자신이 피해자라고 믿거나 혹은 특별한 대우를 받아야 하는 존재라고 믿는다. 고통은 그가 아니라 당신이 받고 있다. 그는 당신이라는 훌륭한 감정 쓰레기통과 연료 공급원을 가지고 있기 때문에, 굳이 변해야 할 필요성을 느끼지 못한다. 당신이 그를 위해 애쓰는 동안, 그는 당신의 희생을 양분 삼아 현 상태를 편안하게 즐기고 있을 뿐이다.

구원자 환상
: 낭만으로 포장된 오만

우리는 왜 그토록 구원자가 되고 싶어 할까? 표면적으로는 이타적인 사랑처럼 보이지만, 그 이면에는 은밀한 통제 욕구와 오만함이 숨어 있을지도 모른다.

'나만이 그를 이해할 수 있어.'

'나니까 이 정도 받아 주는 거야. 다른 여자들은 못 해.'

'내 사랑으로 그를 새사람으로 만들 거야.'

이 생각들은 당신에게 도덕적 우월감과 특별함을 부여한다. 그를 변화시킴으로써 당신의 가치를 증명하고 싶은 것이다. 당신은 그를 사랑하는 것이 아니라, '그를 구원하는 위대한 나'라는 역할에 도취해 있는 것일지도 모른다.

하지만 이것은 위험한 환상이다. 한 인간이 다른 인간을 구원한다는 것은 신의 영역이다. 당신은 신이 아니다. 당신은 그저 행복해지고 싶은 평범한 여자일 뿐이다. 자신의 인생 하나 건사하기도 힘든 세상에서, 왜 타인의 인생까지 짊어지려 하는가. 당신의 어깨는 그 무거운 짐을 감당하기엔 너무나 여리다.

희망 고문
: 밑 빠진 독에 물 붓기

당신의 희망은 그에게 독이 된다. 당신이 그를 떠나지 않고 곁에서 모든 것을 받아 주는 한, 그는 절대로 자신의 바닥을 볼 기회를 얻지 못한다.

알코올 중독자의 아내가 남편을 위해 술값을 대신 갚아 주고, 사고 친 뒷수습을 해 주는 것을 심리학에서는 '이네이블링 Enabling'이라고 한다. 직역하면 '가능하게 해 주기'다. 겉으로는 돕는 것 같지만, 실제로는 남편이 중독의 결과를 직면하지 않게 막아 주는 행위다. 남편은 아내 덕분에 술을 마셔도 큰 문제가 생기지 않으니 계속 마시게 된다.

당신도 마찬가지다. 당신이 그의 외로움을 채워 주고, 그의 분노를 받아 주고, 그의 효도를 대신해 줌으로써, 그는 자신의 성격적 결함을 고칠 기회를 영영 박탈당하고 있다. 당신의 헌신은 사랑이 아니라, 그의 병적 자기애를 살찌우는 먹이다.

당신이 쏟아부은 그 많은 사랑과 노력은 어디로 갔을까? 밑 빠진 독에 물을 붓는다고 채워지지 않는다. 물은 그저 바닥으로 흘러내려 당신의 발등만 적실 뿐이다. 이제 물동이를 내려놓아라. 당신의 팔이 끊어질 듯 아픈 것은, 당신의 노력이 부족해서가 아니라 애초에 불가능한 미션이었기 때문이다.

포기는 절망이 아니라 선택이다

"그를 포기하면, 내가 실패자가 되는 것 같아요."

많은 사람이 이별을 사랑의 실패로 받아들이며 두려워한다. 내가 조금만 더 참았더라면, 내가 능력이 좀 더 있었더라면 그를 바꿀 수 있지 않았을까 하는 미련 때문에.

하지만 여기서의 포기는 패배 선언이 아니다. 불가능한 프로젝트의 폐기 선언이다. 가망 없는 주식에 전 재산을 쏟아붓다가 상장 폐지를 당하는 것보다 지금이라도 손절매하고 남은 자산을 지키는 것이 훨씬 현명한 투자다.

그를 변화시키려는 노력을 멈추는 순간, 당신은 비로소 자유를 얻는다. 그가 변하든 말든, 그가 어머니와 평생 샴쌍둥이로 살든 말든, 그의 인생이지 당신의 인생이 아니다. 당신은 당신의 인생을 구원해야 할 의무가 있다.

당신을 구원할 사람은 당신뿐이다

영화 속에서는 왕자가 공주를 구하러 오지만, 현실에서 당신을 이 지옥 같은 성에서 구해 줄 사람은 백마 탄 왕자가 아니다. 바로 거울 속에 비친, 눈물로 얼룩진 얼굴을 한 당신이다.

당신에게는 그를 고칠 힘이 없지만, 당신을 고칠 힘은 있다. 그에게 쏟았던 엄청난 에너지를 회수하여 이제는 자신에게 쏟아부어야 한다.

그를 이해하려고 읽었던 수많은 심리학 책을 덮고, 이제는 당신의 마음을 읽어 주는 책을 펴라. 그를 위해 요리했던 정성으로, 당신을 위한 따뜻한 밥상을 차려라. 그가 좋아할 옷을 고르던 눈으로, 당신을 가장 빛나게 해 줄 옷을 골라라.

그를 놓아 버리는 것은 그를 버리는 것이 아니다. 그를 삶의 주인으로 돌려보내는 존중의 행위이자, 당신이 삶의 주인으로 복귀하는 독립 선언이다.

당신은 구원자가 될 필요가 없다. 당신은 그저 행복한 사람이 되면 된다. 그것으로 충분하다. 이제 그 무거운 십자가를 내려놓고, 가볍게 성문 밖으로 걸어 나가자. 당신의 구원은 그 성 밖에 있다.

26

"나는 아프다"라고
말할 용기

{ 감정의 주인 되기 }

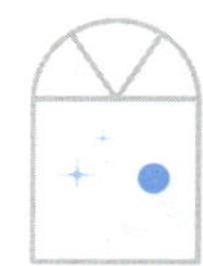

당신은 아마도 평화주의자였을 것이다. 시끄러운 소리가 나는 게 싫어서, 상대방의 기분을 상하게 하는 게 두려워서, 하고 싶은 말이 목구멍까지 차올라도 꿀꺽 삼키는 쪽을 택해 왔을 것이다. "좋은 게 좋은 거지", "내가 한 번만 참으면 조용히 넘어가겠지"라며 당신의 마음을 뒷전으로 미루는 일이 습관이 되었을지도 모른다.

그렇게 삼켜 버린 말들은 어디로 갔을까. 사라지지 않았다. 그것들은 몸속 어딘가에 차곡차곡 쌓여 딱딱한 응어리가 되었고, 이유를 알 수 없는 답답함이나 화병이 되어 한밤중에 당신을 깨우고 있다.

이제 그 입을 막고 있던 무거운 손을 천천히 내려놓을 시간이다. 누구를 공격하기 위해서가 아니다. 그동안 방치되었던 당신의 마음이 숨을 쉴 수 있도록 창문을 열어 주는 일이다. 이것은 싸움이 아니라, 나를 돌보는 가장 다정한 대화의 시작이다.

내 감정은 틀린 적이 없다

그는 그동안 당신의 감정을 틀린 답 채점하듯 다루어 왔다.

"네가 서운한 건 오해해서 그런 거야", "그 정도로 화를 내는 건 너무 감정적이야" 같은 말들을 계속 듣다 보면, 당신은 스스로를 검열하게 된다. 슬픔이 찾아와도 '이게 슬퍼해도 되는 일인가?'를 먼저 따지고, 눈물이 나려 하면 '내가 또 유난을 떠는 건가?' 싶어 황급히 눈물을 닦아 낸다. 내 마음인데도 내 마음대로 느끼지 못하고, 타인의 허락을 구하게 되는 것이다.

하지만 기억해 주었으면 한다. 감정에는 정답도 오답도 없다. 오늘은 비가 오고 내일은 바람이 부는 것처럼, 감정은 그저 당신 안에서 일어나는 자연스러운 현상이다. 당신이 아프면 아픈 것이다. 상대방이 "그건 안 아픈 거야"라고 말한다고 해서 당신의 통증이 사라지는 것은 아니다.

당신이 느끼는 서운함, 외로움, 불안은 당신의 영혼이 보내는 가장 솔직한 안부 인사다.

"나 지금 좀 힘들어. 나 좀 봐줘."

그 목소리를 예민함이라고 다그치지 말고, 가만히 들어 주어야 한다. 당신의 감정은 언제나 옳다. 그것이 당신이 느끼는 진실이기 때문이다.

상대를 비난하지 않고 내 마음을 전하는 법

감정을 표현하는 게 두려운 이유는 혹시나 말이 날카롭게 나가서 그에게 상처를 주거나 싸움이 될까 봐 걱정되기 때문일 것이다. 실제로 "너는 왜 그래?"라고 시작하는 말은 상대를 방어적으로 만든다.

이제 화법을 조금만 바꿔 보자. 시선을 그가 아닌 나에게로 가져오는 것이다. 이것은 상대를 설득하기 위한 기술이 아니라, 내 마음을 있는 그대로 꺼내어 보여 주는 '초대'에 가깝다.

"네가 연락을 안 해서 화가 나"라고 말하는 대신, 이렇게 말해 보는 건 어떨까.

"나는 네 연락이 없으면 불안해지고, 내가 소중하지 않은 것 같아서 슬퍼져."

"너는 참 이기적이야" 대신 "나는 내 의견이 받아들여지지 않을 때, 무력감을 느끼고 마음이 다쳐."

차이가 느껴지는가? 전자는 상대를 탓하는 말이지만, 후자는 나의 연약한 마음을 솔직하게 고백하는 말이다. 이렇게 말할 때 당신은 비로소 당신 감정의 주인이 된다. 그리고 놀랍게도, 이렇게 부드럽지만 단단하게 말할 때 상대방도 당신의 마음에 더 귀를 기울이게 된다.

물론 공감 능력이 없는 그라면 이마저도 비아냥거릴지 모른다. 하지만 괜찮다. 이 대화의 진짜 목적은 그를 변화시키는 게 아니라, 스스로 '나의 아픔을 소리 내어 말하는 경험'을 하

는 데 있기 때문이다. 내가 나를 위해 입을 열어 주었다는 사실
만으로도, 치유는 시작된다.

착한 아이 콤플렉스 내려놓기

당신은 아마 "이기적이다"라는 말을 듣는 것을 죽기보다 싫
어할 것이다. 어릴 때부터 배려하고 양보하는 것이 미덕이라
고 배워 왔기에, 자신의 욕구를 드러내는 것에 죄책감을 느낄
수도 있다. 그래서 항상 그에게 맞추고, 참고, 기다렸다.

하지만 그 '착한 마음'이 당신을 어디로 데려왔는가. 껍데기
만 남은 공허한 관계와 자존감이 바닥난 곳이다. 당신의 무조
건적인 배려는 안타깝게도 그를 더 제멋대로인 사람으로 만드
는 거름이 되었을 뿐이다.

이제 당신에게는 건강한 자기 사랑이 필요하다. 남에게 피
해를 주면서까지 내 욕심을 채우는 게 이기심이라면, 내가 다
치지 않도록 나를 보호하고 싫은 것은 싫다고 말하는 것은 자
기 존중이다.

비행기에서 산소마스크가 내려올 때, 안내 방송은 이렇게
나온다.

"보호자가 먼저 착용하고, 그 후에 아이를 도와주세요."

내가 먼저 숨을 쉬어야 사랑하는 사람도 도울 수 있다. 내가
질식해 죽어 가면서 누군가를 사랑할 수는 없다.

친구를 만나러 가고 싶으면 가도 된다. 그가 조금 삐치더라도 말이다. 먹고 싶은 게 있으면 그걸 먹자고 해도 된다. 그가 싫어할까 봐 너무 눈치 보지 않아도 된다. 당신이 당신을 챙기지 않으면, 아무도 챙겨 주지 않는다.

그의 반응은 그의 몫이다

당신이 용기를 내어 "나는 지금 힘들어", "이건 싫어"라고 말했을 때, 그가 화를 내거나 실망할 수도 있다. 당신은 그 반응이 두려워 입을 다물어 왔을 것이다.

하지만 이제는 마음의 짐을 좀 내려놓아도 좋다. 당신의 감정 표현에 대한 그의 반응은 그의 몫이지, 당신의 책임이 아니다. 그가 당신의 아픔에 공감하지 못하고 화를 낸다면, 그것은 당신이 말을 잘못해서가 아니라 그가 공감할 줄 모르는 사람이기 때문이다. 그가 당신의 거절을 받아들이지 못하고 떠난다면, 그것은 당신이 이기적이어서가 아니라 그가 자기 뜻대로 되지 않는 것을 견디지 못하는 미성숙한 사람이기 때문이다.

당신은 그저 당신의 마음을 이야기했을 뿐이다. 그것은 죄가 아니다. 오히려 당신이 목소리를 냈을 때 그가 보이는 반응은, 이 사람이 내 아픔까지도 안아 줄 수 있는 사람인지 아닌지를 보여 주는 가장 확실한 대답이 될 것이다.

거울 앞에서 건네는 첫마디

오늘 밤, 거울 앞에 서서 당신 자신에게 먼저 말을 걸어 보자. 처음에는 작게 속삭여도 좋다.

"나 지금 많이 힘들구나."

"나는 이 상황이 마음에 들지 않아."

"나는 사랑받고 싶어."

이 말이 입 밖으로 나오는 순간, 당신의 뇌는 새로운 신호를 받아들인다.

'아, 내 주인이 드디어 나를 돌보기 시작했구나.'

그동안 억눌려 구석에서 울고 있던 내면의 아이가 비로소 안도의 숨을 내쉴 것이다.

"나는 아프다"라고 말하는 것은 약한 소리가 아니다. 그것은 "나는 나를 소중히 대하겠다", "나는 내 마음을 지키겠다"라는 가장 따뜻하고 용기 있는 다짐이다. 당신의 마음은 그 누구의 허락도 필요 없는, 온전한 당신만의 정원이다. 이제 그 정원에 당신을 위한 꽃을 심어도 된다.

단호한 경계선 긋기

{ 관계의 새로운 규칙 }

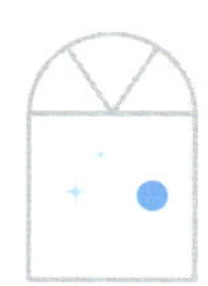

당신은 지금까지 마음에 대문이 없는 채로 살아왔다. 누구든 들어올 수 있고, 아무나 흙 묻은 발로 들어와 거실을 어지럽혀도 "괜찮아, 닦으면 되지"라며 웃어넘겼다. 심지어 그가 당신의 침대 위에 외출복을 입고 누워도, 그가 당신의 냉장고를 허락 없이 뒤져도, 사랑하니까 다 받아 주어야 한다고 믿었다.

하지만 이제는 안다. 대문 없는 집에는 귀한 손님이 오는 것이 아니라, 무례한 불청객만 들락거린다는 사실을. 당신의 관대함은 그에게 호구 잡히기 좋은 기회였을 뿐이다.

이제 당신의 마음에 튼튼한 대문을 달고, 그 문 앞에 출입 규칙을 써 붙일 시간이다. 이것은 그를 내쫓기 위함이 아니다. 당신이라는 소중한 집이 더 이상 망가지지 않도록 보호하고, 그가 당신의 집에 들어오려면 최소한 발은 닦고 들어오게 만들기 위함이다.

모호한 침묵은 동의다

당신은 그가 기분 나쁜 농담을 하거나 약속을 어겼을 때 어떻게 반응했는가? 아마 굳은 표정으로 입을 다물거나, "아니야, 됐어"라며 시선을 피하는 식이었을 것이다. 당신은 침묵으로 불쾌함을 표현했다고 생각했겠지만, 내현적 나르시시스트인 그에게 침묵은 '암묵적인 동의' 혹은 '만만한 반응'으로 해석된다.

"아, 이 정도는 해도 되는구나. 삐치긴 했지만 헤어지자고는 안 하네?"

그는 당신의 모호한 태도를 파고들어 경계선을 야금야금 지워 버린다. 건강한 경계선을 세우기 위해서는 당신의 의사를 오해의 여지 없이 명확한 언어로 전달해야 한다. 힌트를 주지 말고, 정답을 말해야 한다.

단호함의 공식
: IF-THEN

경계선 긋기의 요체는 화를 내거나 소리를 지르는 것이 아니다. 감정을 뺀, 건조하고 단호한 목소리로 행동과 결과를 예고하는 것이다. 이를 위해 가장 효과적인 화법은 'IF-THEN(만약 ~한다면, ~할 것이다)' 공식이다.

"네가 또 그러면 나 진짜 화낼 거야."

: 이것은 감정적 호소일 뿐, 그에게 위협이 되지 않는다.

→ "만약 네가 또 약속 시간 30분 전에 일방적으로 늦을 것 같다고 통보한다면(IF), 나는 그날 너를 만나지 않고 내 시간을 보낼 거야(THEN)."

"우리 엄마 욕하지 마."

: 이것은 방어적인 반응이다.

→ "만약 네가 우리 가족에 관해 함부로 말한다면(IF), 나는 이 대화를 즉시 중단하고 전화를 끊겠어(THEN)."

"제발 나 좀 의심하지 마."

: 이것은 애원이다.

→ "만약 네가 내 사생활을 감시하거나 추궁한다면(IF), 나는 우리 관계를 진지하게 다시 생각할 거야(THEN)."

이 화법의 중요한 점은 당신이 그를 통제하려는 것이 아니라 당신의 행동을 통제하겠다는 선언이라는 점이다. 그가 변하든 안 변하든 상관없이, 나는 나를 보호하기 위해 이렇게 행동하겠다는 예고다. 이것이 당신에게 통제권을 가져다준다.

구체적인 경계선의 예시들

경계선은 구체적일수록 좋다. 당신이 그동안 힘들었던 지점들을 떠올리며 새로운 규칙을 만들어 보자.

1. 시간의 경계

"나는 내 시간이 소중해. 데이트 약속은 최소한 하루 전에는 확정해 줘. 당일에 갑자기 보자고 하거나, 약속 시간 다 되어서 늦는다고 하는 건 더 이상 받아 주지 않겠어."

2. 감정의 경계

"네가 화가 났을 때 침묵으로 나를 벌주려 한다면, 나는 네가 말할 준비가 될 때까지 너에게 연락하지 않을 거야. 내 불안을 자극해서 나를 움직이려 하지 마."

3. 돈의 경계

"결혼 준비 비용이나 데이트 비용은 공평하게 부담하고 싶어. 네가 본가에 쓰는 돈은 네 자유지만, 그 때문에 우리 생활비에 구멍이 나는 건 용납할 수 없어."

4. 제삼자 개입의 경계

"어머님이 우리 싸움에 개입해서 나한테 전화하시는 거, 이제는 받지 않을 거야. 우리 문제는 둘이서만 해결했으면 해. 네

가 중간에서 막아 주지 않으면 내가 직접 말씀드릴 수밖에 없
어.”

그의 반발을 견뎌 내는 법

당신이 이렇게 단호하게 나오면, 그는 반드시 반발한다. 편
안했던 호구가 갑자기 까다로워졌으니, 그는 당황하고 분노할
것이다. 그의 반응은 뻔하다.

“너 변했다. 왜 이렇게 계산적이야?”

“사랑하는 사이끼리 선 긋는 거 너무 정 없다.”

“내가 그동안 너한테 어떻게 했는데, 이 정도도 못 받아 줘?”

그는 당신을 ‘비정한 여자’, ‘이기적인 여자’ 프레임에 가두
려 할 것이다. 이때가 가장 중요하다. 당신이 여기서 “아니, 그
런 뜻이 아니라…” 하며 해명하거나 물러서면, 경계선은 영영
사라진다.

그의 비난에 반응하지 마라. 해명하지도 마라. 그저 ‘고장
난 녹음기’처럼 당신의 입장을 반복하라.

“네가 그렇게 느낄 수도 있겠지만, 나는 이게 중요해.”

“정이 없다고 해도 어쩔 수 없어. 나는 존중받고 싶어.”

“이건 협상의 대상이 아니야. 나의 결정이야.”

그의 반발은 당신이 잘하고 있다는 증거다. 당신의 경계선
이 작동하기 시작했기에 그가 불편함을 느끼는 것이다. 그 불

편함은 그가 감당해야 할 몫이지, 당신이 해결해 줄 문제가 아
니다.

말한 대로 행동하라

경계선 긋기의 완성은 말이 아니라 행동이다. 당신이 "늦으
면 집에 갈 거야"라고 말해 놓고, 그가 30분 늦게 나타났을 때
"다음부터는 그러지 마"라며 받아 준다면, 당신의 말은 짖기만
하고 물지 않는 개처럼 우스워진다.

경고했다면, 반드시 실행에 옮겨야 한다. 그가 늦으면 정말
로 집에 가라. 그가 소리를 지르면 전화를 끊어라. 그가 약속을
어기면 주말 데이트를 취소하라.

처음 한두 번은 그가 길길이 날뛸 것이다. 하지만 당신이 일
관성 있게 행동하면, 그는 학습하게 된다.

'아, 이 여자는 말뿐인 사람이 아니구나. 내가 선을 넘으면
정말로 국물도 없구나.'

그제야 그는 당신을 무서운 사람이 아니라 함부로 대할 수
없는 어려운 사람으로 인식하게 된다. 존중은 두려움이 아니
라, 상대방의 단단함에서 나온다.

새로운 규칙, 새로운 당신

경계선을 긋는 것은 당신이 나쁜 사람이 되는 과정이 아니다. 당신이 형태가 있는 사람이 되는 과정이다. 물은 그릇에 따라 모양이 변하지만, 다이아몬드는 어디에 두어도 그 모양을 잃지 않는다.

당신은 그동안 물처럼 살아왔다. 이제는 단단한 보석이 되어야 한다. 당신의 모서리에 그가 찔려서 아프다고 불평할 수도 있다. 하지만 그것은 당신이 뾰족해서가 아니라, 그가 너무 무례하게 당신을 꽉 쥐려 했기 때문이다.

이 새로운 규칙에 그가 적응한다면, 관계는 건강해질 것이다. 만약 그가 적응하지 못하고 떠난다면, 그것 또한 축복이다. 당신의 울타리를 존중하지 않는 도둑을 쫓아낸 셈이니까.

두려워하지 말고 선을 그어라. 그 선명한 선 위에서, 당신의 자존감은 비로소 안전하게 뿌리내릴 것이다.

28

회색 돌 되기

가장 이상적인 이별은 뒤도 돌아보지 않고 그곳을 탈출하는 것이다. 하지만 현실은 그리 단순하지 않다. 당신의 발목을 잡는 것은 마음뿐만이 아니다.

두 사람이 함께 살던 전세 계약 기간이 남았을 수도 있고, 그에게 빌려준 큰돈을 아직 돌려받지 못했을 수도 있다. 혹은 사내 연애라서 매일 사무실에서 그의 얼굴을 마주해야 하거나, 비즈니스 파트너로 얽혀 있어 당장 관계를 끊으면 당신의 커리어까지 위험해지는 상황일 수도 있다.

이별을 결심했지만 실행에 옮기기까지 시간이 걸리는 이 애매한 '회색 지대Gray Zone'에서 당신은 가장 위험한 상태에 놓인다. 그는 당신의 마음이 떠났다는 것을 본능적으로 감지하고, 마지막으로 당신을 통제하기 위해 더 집요하게 자극할 것이다.

업무 중에 메신저로 시비를 걸거나, 갚아야 할 돈을 빌미로 연락을 질질 끌며 당신의 감정을 긁어 놓을 것이다. 이때 당신이 예전처럼 억울해하며 화를 내거나 울면서 매달린다면, 당신은 다시 그 지긋지긋한 진흙탕으로 끌려 들어가게 된다.

이 위험한 시기에, 도망칠 수 없는 그 공간 안에서 당신을 지켜 줄 가장 강력하고도 실용적인 심리 기술이 있다. 바로 '회색 돌Grey Rock'이 되는 것이다.

한강 둔치나 산길을 걸을 때를 떠올려 보자. 당신의 눈길을 사로잡는 것은 예쁜 꽃이나 특이하게 생긴 나무 혹은 반짝이는 보석이다. 바닥에 널린 수천 개의 회색 자갈들은 당신의 시야에 들어오지 않는다. 당신은 그것들을 줍지도 않고, 감탄하지도 않으며, 발로 걷어차고 싶은 충동조차 느끼지 않는다. 그저 배경처럼 무심하게 지나칠 뿐이다.

나르시시스트에게 당신은 그동안 화려하게 반짝이는 보석이거나, 건드리면 요란한 소리가 나는 깡통이었다. 이제 당신은 그에게 세상에서 가장 지루하고, 재미없고, 반응 없는 무채색의 돌멩이가 되어야 한다.

그는 당신의 감정을 먹고 산다

회색 돌 기법의 원리를 이해하려면 다시 한번 그의 생존 방식을 상기해야 한다. 그는 에너지 뱀파이어다. 그가 생명을 유지하는 주식은 타인의 '감정적 반응'이다.

그는 당신이 자신을 숭배해 주기를 바라지만, 그게 안 된다면 당신이 자신을 증오하기라도 바란다. 당신이 그 때문에 회사에서 표정이 굳고, 돈 문제로 안달복달하고, 그의 말 한마디에 얼굴을 붉히는 그 모든 격렬한 반응이 그에게는 "내가 여전히 이 여자에게 영향력이 있구나"를 확인시켜 주는 맛있는 먹잇감이 된다. 사랑의 반대말은 증오가 아니라 무관심이라는 말이 있듯, 그가 가장 두려워하는 것은 당신의 비난이 아니라 당신의 무반응이다.

회색 돌이 된다는 것은 그에게 제공하던 감정의 뷔페 문을 닫아 버리는 것이다. 그가 아무리 당신을 찔러도 피(감정) 한 방울 나오지 않게 만드는 것이다. 굶주린 뱀파이어는 피가 나오지 않는 목을 계속 물고 있을 인내심이 없다. 결국 흥미를 잃고 떨어져 나가게 된다.

사무적인 태도의 미학
: 네, 아니요, 글쎄요

구체적으로 어떻게 해야 할까? 핵심은 단조로움과 사무적 태도다. 그와의 대화에서 모든 감정적 색채를 제거하고, 오직 건조한 정보만을 남겨야 한다.

직장에서 그가 은근히 당신의 속을 긁는 말을 한다고 치자.

"너 요즘 일하는 게 좀 굼뜨다? 연애하느라 정신없나 봐?"

예전의 당신이라면 "공과 사는 구분해 줄래?"라며 발끈했을 것이다. 하지만 회색 돌은 그렇게 반응하지 않는다.

"그렇게 보였나 보네. 주의할게."

시선은 모니터에 고정한 채, 톤의 변화 없이 건조하게 대답하고 하던 일을 계속한다.

돈 문제로 연락했을 때 그가 "너 진짜 돈밖에 모른다. 우리가 그런 사이였어?"라며 감정적인 호소를 해 온다면 "서운할 수 있겠네. 그래서 입금은 언제 가능해?" 그의 감정적 도발은 무시하고, 오직 팩트와 용건으로만 응수한다.

질문에 대해서는 "응", "아니", "몰라" 같은 단답형으로, 비난에 대해서는 "그럴 수도 있겠네", "유감이네" 같은 영혼 없는 동의로 일관한다. 당신은 고장 난 자판기와 같다. 그가 어떤 버튼을 눌러도 똑같은, 맛없고 미지근한 물만 나온다. 그는 곧 재미가 없어져서 버튼 누르기를 멈출 것이다.

당신의 말이 당신을 찌른다
: J.A.D.E. 금지

회색 돌 기법을 실천할 때, 당신의 입을 가장 근질거리게 만드는 순간이 올 것이다. 그가 당신을 오해하거나, 억울한 누명을 씌우거나, 말도 안 되는 논리로 당신을 공격할 때다. 이때 당신의 뇌는 본능적으로 소통을 시도하려 한다. '내가 차근차근 설명하면 그도 알아듣겠지', '내 진심을 알면 오해를 풀겠지'

라는 지극히 인간적인 기대 때문이다.

하지만 명심하라. 지금 당신 앞에 있는 사람은 소통의 대상이 아니라, 당신의 허점을 노리는 사냥꾼이다. 당신이 무심코 내뱉는 해명과 설명들은 그에게 정보를 제공하고, 공격할 빌미를 주는 무기 공급 행위나 다름없다. 이를 막기 위해 반드시 기억해야 할 네 가지 금기 사항이 있다. 바로 J.A.D.E.다.

1. 정당화하지 마라 Do not Justify

그가 "너는 왜 그렇게 이기적이야? 돈밖에 몰라?"라고 비난할 때, 당신은 자신이 이기적인 사람이 아님을 증명하고 싶어 안달이 난다. "내가 돈을 달라고 하는 건 정당한 내 권리야. 그리고 나도 그동안 많이 참았잖아"라며 당신 행동의 타당성을 입증하려 든다.

하지만 당신이 스스로를 정당화하려 애쓸수록, 당신은 그를 '판사'의 자리에 앉히는 꼴이 된다. 당신은 피고인이 되어 "제발 나를 무죄로 판결해 주세요"라고 애원하는 셈이다. 그는 판사 봉을 쥐고 당신의 진술을 즐길 뿐, 결코 무죄를 선고하지 않는다. 당신의 행동은 당신이 결정했다는 사실 하나만으로 이미 정당하다. 판사의 허락은 필요 없다.

2. 논쟁하지 마라 Do not Argue

그는 사실을 왜곡하는 데 선수다. "네가 그때 빌려 가도 된다고 했잖아"라며 뻔한 거짓말을 할 때, 당신은 팩트를 바로잡기 위해 논쟁을 시작한다. 증거를 대고, 논리적으로 반박하며 그를 이기려 한다. 하지만 이것은 진흙탕에서 돼지와 싸우는 것과 같다. 당신은 흙투성이가 되지만, 돼지는 그 상황을 즐긴다. 내현적 나르시시스트에게 논쟁은 '누가 옳은가'를 가리는 과정이 아니라 '누가 더 감정적으로 타격을 입는가'를 겨루는 게임이다. 당신이 논리적으로 완벽할수록 그는 더 말도 안 되는 억지를 부리며 당신의 이성을 마비시킬 것이다. "그래, 네 말이 다 맞아. 너 참 똑똑하다, 됐냐?"라는 비아냥을 듣고 싶지 않다면, 논쟁의 링 위에 올라가지 마라.

3. 방어하지 마라 Do not Defend

"너 요즘 일도 대충 한다며? 소문 안 좋아."

그가 당신의 약점인 평판을 건드릴 때, 당신은 즉각적으로 방어 태세를 취한다.

"아니야, 나 인사고과 잘 받았어. 누가 그런 소리를 해?"

당신이 방어하는 순간, 그의 공격은 성공한 것이다. 당신의 방어는 그에게 "아, 이 여자가 이 부분을 건드리면 아파하는구나"라는 정보를 제공한다. 또한 방어한다는 것은 상대방의 공격이 당신에게 유효타를 날렸다는 것을 인정하는 꼴이다. 그가 당신을 공격할 때 가장 좋은 방어는 그 공격이 당신에게 털 끝만큼도 닿지 않았다는 듯 무시하는 것이다. "그렇게 생각하든지 말든지"라는 태도야말로 그를 가장 무력하게 만드는 방패다.

4. 설명하지 마라 Do not Explain

가장 중요한 금기사항이다. 당신은 그가 당신의 사정을 알면 봐줄 것이라 기대하며 구구절절 설명한다.

"내가 지금 이사해야 하는데 보증금이 모자라서 그래. 대출도 안 나오고…"

이 설명은 그에게 '약점 지도'를 쥐여 주는 것과 같다. 그는 당신이 이사해야 한다는 급박한 사정을 알게 되었다. 이제 그는 돈을 갚는 시기를 이사 직전까지 미루거나, 돈을 빌미로 당신을 더 애타게 만들 것이다. 당신이 제공한 정보가 당신을 조이는 올가미가 되어 돌아오는 것이다. 그에게 당신의 사정, 감정, 계획을 알리지 마라. 당신이 왜 돈이 필요한지, 왜 바쁜지, 왜 기분이 나쁜지 설명할 의무는 없다. "개인적인 사정이야", "그냥 그렇게 됐어"라고 말하며 정보의 수도꼭지를 잠가야 한다.

<h2 style="text-align:center;color:#4a90d9">소거 폭발
: 그가 더 날뛰기 시작할 때</h2>

당신이 회색 돌 전략을 시작하면 처음에는 그가 당황할 것이다. 그러다 곧 분노할 것이다. 잘 작동하던 장난감이 갑자기 멈췄을 때 아이들이 장난감을 마구 흔들거나 바닥에 던지는 것처럼, 그도 당신의 반응을 끌어내기 위해 자극의 강도를 높일 것이다. 심리학에서는 이것을 '소거 폭발Extinction Burst'이라고

부른다.

그는 더 심한 말을 하거나, 당신이 가장 아파할 약점(돈, 가족, 직장 평판)을 건드리거나, 다른 여자 이야기를 꺼내며 질투심을 유발하려 기를 쓸 것이다.

"너 진짜 재미없는 여자다."

"빌려준 돈 떼먹어도 할 말 없는 거 알지?"

"김 대리랑 사귀냐? 표정이 왜 그래?"

이때가 가장 위험하고도 중요한 고비다. 여기서 당신이 참지 못하고 "너 말 다했어?"라고 폭발하면, 그는 속으로 쾌재를 부른다.

'그럼 그렇지. 버튼을 세게 누르니까 작동하잖아.'

그가 날뛸수록 당신은 더 차갑고 단단한 돌이 되어야 한다. 속으로는 심장이 떨리고 화가 치밀어 오르더라도, 겉으로는 지루하다는 표정으로 "그래? 알았어"라고 말해야 한다. 그가 더 세게 나올수록, 당신이 잘하고 있다는 신호다. 그가 지금 굶주리고 있다는 뜻이니까.

가장 우아한 복수

회색 돌은 당신의 본성이 아니다. 이것은 생존을 위해 입은 방호복이자, 일시적인 연기다. 밖에서는 꾹 눌러두었던 감정을 안전한 곳에서 반드시 해소해야 한다. 믿을 수 있는 친구를 만나 실컷 욕하거나, 일기장에 그에 대한 분노를 쏟아 내라.

그는 당신을 통제하고 싶어 한다. 당신의 기분을 좌지우지하고 싶어 한다. 그런 그에게 줄 수 있는 최고의 복수는 그가 당신에게 아무런 영향도 미치지 못하는 투명 인간에 가까운 존재가 되었음을 보여 주는 것이다.

당신이 회색 돌이 되어 묵묵히 자신의 일상을 살아갈 때, 그는 깊은 좌절감을 느낀다. 벽을 보고 이야기하는 것 같은 허무함에 지쳐, 결국 그는 다른 먹잇감을 찾아 떠나거나 당신을 놓아줄 것이다. 돈 문제든, 직장 문제든 감정적 이득이 없으면 그는 그 관계를 유지할 동력을 잃는다.

29

나의 세계 복원 공사
{ 끊어진 관계와 취미 잇기 }

태풍이 휩쓸고 지나간 자리에 서 본 적 있는가. 바람은 멈췄고 비는 그쳤지만, 눈앞에 펼쳐진 것은 평온함이 아니라 처참한 폐허다. 뿌리 뽑힌 나무, 무너진 담벼락 그리고 흙탕물에 뒤덮인 도로. 나르시시스트와의 관계가 끝난 직후, 당신의 내면 풍경이 딱 이와 같을 것이다.

그는 떠났지만(혹은 당신이 그를 떠나보냈지만), 당신에게 남은 것은 자유가 아니라 황무지다. 주말이 되어도 만날 사람이 없고, 퇴근 후에 무엇을 해야 할지 몰라 멍하니 TV 리모컨만 만지작거린다. 그가 당신의 시간을 독점하고 당신의 에너지를 흡수하는 동안, 당신의 고유한 세계는 관리가 안 된 정원처럼 잡초만 무성해졌기 때문이다.

이제 당신은 복원 공사를 시작해야 한다. 그가 부수고 막아버린 당신의 인간관계, 취미 그리고 일상의 기쁨들을 다시 발굴해 내야 한다. 이것은 단순히 예전으로 돌아가는 것이 아니라, 폐허 위에 더 단단하고 아름다운 당신만의 성을 새로 짓는 일이다.

염치없음의 문턱을 넘어라

가장 먼저 해야 할 일은 끊어진 인간관계의 다리를 잇는 것이다. 하지만 이 일은 생각보다 훨씬 어렵다. 당신의 발목을 잡는 것은 시간이 아니라 수치심이다.

당신은 기억한다. 그에게 빠져 친구들의 연락을 씹었던 날들을. 그가 친구들을 험담할 때 동조하며 그들과 거리를 두었던 순간들을. "남자친구 생기더니 친구는 뒷전이네"라는 핀잔을 듣고도 그를 선택했던 당신이다. 이제 와서 헤어졌다고 혹은 힘들다고 그들에게 다시 연락하는 것이 너무나 뻔뻔하고 염치없게 느껴져서, 당신은 휴대폰 주소록만 하염없이 올렸다 내렸다 할 것이다.

하지만 냉정하게 생각해 보자. 그 수치심은 누가 심어 준 것인가? 바로 그다. 그는 당신을 고립시키기 위해 주변 사람들을 깎아내리고, 당신이 그들에게 돌아갈 수 없도록 죄책감이라는 담을 쌓았다. 당신이 지금 연락을 망설이는 것은 여전히 그가 쳐 놓은 담 안에 머물고 있다는 증거다.

용기를 내어 메시지 버튼을 눌러라. 거창한 변명이나 구구절절한 사연은 필요 없다.

진짜 친구는 당신의 공백을 탓하지 않는다. 그들은 당신이 돌아오기만을 기다리고 있었다. 당신이 "사실 그동안 좀 힘들었어"라고 말하는 순간, 그들은 묻지도 따지지도 않고 당신의 손을 잡아 줄 것이다. 그 따뜻한 연결감이 당신을 치유한다. 나르시시스트가 끊어 놓은 전선이 다시 연결될 때, 당신의 삶에는 다시 불이 켜진다.

그가 '쓸모없다'라고 했던 것들이 당신을 구한다

그는 당신의 취미를 경멸했다. 당신이 그림을 그리면 "그걸로 돈이 돼?"라고 물었고, 춤을 배우면 "바람난 여자 같다"라고 비난했으며, 책을 읽으면 "현실 감각 없다"라고 조롱했다. 그에게 가치 있는 것은 오직 돈, 지위 그리고 자신을 돋보이게 하는 것뿐이었으니까.

그래서 당신은 붓을 꺾고, 춤을 멈추고, 책을 덮었다. 그가 싫어하는 행동을 제거하다 보니, 당신은 아무런 색깔도 없는 무채색의 사람이 되어 버렸다.

이제 창고에 처박아 두었던 그것들을 다시 꺼내라. 먼지 쌓인 카메라, 굳어 버린 물감, 낡은 등산화. 그것들은 단순한 물건이 아니라, 유기되었던 당신이 가진 영혼의 조각들이다.

다시 시작하는 것이 어색하고 서툴 수도 있다. "이제 와서 이걸 다시 한들 무슨 소용이 있나"라는 회의감이 들 수도 있다. 하지만 바로 그 소용없음이 당신을 구한다. 누군가에게 보여주거나 돈을 벌기 위해서가 아닌, 오직 나의 기쁨을 위해 몰입하는 그 시간. 그 시간만이 당신을 누군가의 연인이 아닌 고유한 나로 되돌려 놓는다.

그가 "쓸모없다"라고 비웃었던 것들을 가장 열정적으로 해내라. 그것이 그에게 날릴 수 있는 가장 우아하고 통쾌한 복수다.

에너지의 물길을 돌려라

복원 공사의 핵심은 에너지의 재배치다. 지난 시간 당신의 모든 에너지는 그를 향해 흐르는 파이프라인에 연결되어 있었다. 그의 기분을 살피고, 그를 기다리고, 그를 걱정하느라 당신의 텃밭은 말라비틀어졌다.

이제 그 파이프라인을 끊고, 호스의 방향을 당신의 밭으로 돌려라. 그를 생각하며 밤을 새우던 에너지로, 내일 먹을 맛있는 도시락을 준비하라. 그에게 보낼 장문의 카톡을 고민하던 에너지로, 읽고 싶었던 책의 첫 장을 넘겨라. 그의 SNS를 염탐하던 에너지로, 거울 속의 나를 들여다보며 팩을 붙여라.

처음에는 어색할 것이다. 남을 위해 에너지를 쓰는 것에 익숙해진 사람은 나를 위해 에너지를 쓰는 것을 낭비라고 착각하기 쉽다. 하지만 잊지 마라. 당신의 에너지는 당신을 살리는 데 쓰일 때 가장 가치 있다.

새로운 사람을 위한 검문소

나의 세계를 복원하다 보면, 필연적으로 새로운 사람들이 들어오게 된다. 이때 주의해야 할 것이 있다. 외로움에 사무쳐 혹은 과거의 상처를 보상받고 싶은 마음에 아무나 당신의 성 안으로 들이지 말라는 것이다.

당신은 이미 혹독한 수업을 치렀다. 이제 당신에게는 검문소가 생겼다. 나의 말을 끊고 자기 말만 하는 사람, 약속을 쉽게 어기는 사람, 나를 깎아내리며 우월감을 느끼는 사람. 예전에는 "원래 그런가 보다" 하고 넘겼던 신호들이 이제는 선명하게 보일 것이다.

그 검문소에서 경보가 울리면, 가차 없이 차단기를 내려라. 당신의 복원된 세계는 소중하다. 그 깨끗한 정원에 또다시 오물을 투척하는 사람을 들일 이유는 없다. 이제 당신 곁에는 당

신을 존중하고, 당신의 성장을 기뻐해 주는 사람들만 남겨야
한다.

폐허에서 피어난 꽃

공사는 하루아침에 끝나지 않는다. 때로는 무너진 잔해를
치우다가 손을 다칠 수도 있고, 옛 추억이 떠올라 주저앉아 울
수도 있다. 하지만 멈추지 않고 벽돌을 쌓다 보면, 어느 날 당
신은 깨닫게 될 것이다.

새로 지은 이 집이 예전의 집보다 훨씬 더 튼튼하고 아름답
다는 것을. 그가 떠난 자리는 텅 빈 구멍이 아니라, 당신이 좋
아하는 것들로 가득 채울 가능성의 공간이었다는 것을.

당신은 이제 혼자가 아니다. 당신이 되찾은 친구들, 당신을
웃게 만드는 취미들 그리고 무엇보다 단단해진 당신 자신이
그 집에 함께 살고 있다. 그 견고한 세계 안에서, 당신은 비로
소 안전하다.

30

죄책감 없는 이별

: 이것은 실패가 아닌 졸업이다

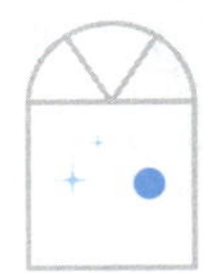

　우리 사회에서 '이별'이라는 단어 앞에는 습관적으로 "연애에 실패했다"라거나 "결혼에 실패했다"처럼 '실패'라는 수식어가 붙는다. 마치 관계를 영원히 지속시키는 것만이 성공이고, 도중에 멈추는 것은 낙오자가 되는 길인 것처럼 여겨진다.

　특히 당신처럼 책임감이 강하고 성실한 사람에게 이별은 더욱 무거운 형벌로 다가온다. 당신은 문제를 해결하기 위해 최선을 다해 왔다. 그를 이해하려 노력했고, 참았고, 기다렸다. 그런데도 헤어짐을 선택한다는 것은 당신이 그동안 쏟아부은 모든 노력이 수포가 되는 것만 같아 견딜 수 없을 것이다.

　게다가 내현적 나르시시스트인 그는 마지막 순간까지 당신에게 죄책감을 심어 준다.

　"네가 어떻게 나를 버릴 수가 있어?"

　"나는 너만 믿었는데, 결국 너도 똑같은 사람이구나."

　그는 자신을 버려진 가련한 피해자로, 당신을 배신자로 프레임 씌운다. 당신은 짐을 싸서 나오면서도 발걸음마다 묵직한 죄책감을 매달고 나온다.

'내가 너무 냉정한가?', '그 사람, 나 없으면 무너질 텐데…'

하지만 이제 그 무거운 짐을 내려놓고 이 상황을 똑바로 바라보자. 당신의 이별은 도망이 아니다. 실패는 더더욱 아니다. 이것은 당신 인생에서 가장 용기 있고 성공적인 탈출이자, 지옥 같은 학교에서의 영광스러운 졸업이다.

매몰 비용의 함정에서 벗어나기

당신이 이별을 망설였던 가장 큰 이유는 아마도 '시간' 때문이었을 것이다. 그와 함께한 3년, 5년 혹은 10년이라는 세월. 그 시간에 쏟아부은 돈, 감정, 젊음이 아까워서 '조금만 더 하면 본전은 찾을 수 있지 않을까' 하는 도박사의 심리로 버텨 왔을 것이다. 행동경제학에서는 이것을 '매몰 비용Sunk Cost'이라고 부른다.

하지만 냉정하게 계산기를 두드려 보자. 그 주식은 이미 상장 폐지되었다. 거기에 10년을 더 투자한다고 해서 휴지 조각이 된 주식이 우량주로 바뀌지는 않는다. 오히려 남은 인생이라는 자산까지 모조리 탕진하게 될 뿐이다.

손절매Loss Cut는 실패가 아니라, 더 큰 손실을 막는 고도의 투자 전략이다. 지금 그를 떠나는 것은 당신의 과거를 버리는 것이 아니라 '미래'를 구하는 행위다. 잃어버린 시간은 수업료로 치자. 비싼 수업료를 냈지만, 당신은 그 대가로 사람 보는 눈과 나를 지키는 법을 배웠다. 그렇다면 밑지는 장사는 아니다.

그를 버리는 게 아니라
그에게 돌려주는 것이다

당신은 그를 버린다고 생각하며 괴로워한다. 마치 길가에 유기견을 버리고 오는 사람처럼 죄책감을 느낀다. 그가 당신 없이는 밥도 못 챙겨 먹고, 정서적으로 무너질 거라는 것을 알기 때문이다.

하지만 착각하지 마라. 그는 강아지가 아니다. 사지 멀쩡한 성인 남성이다. 그가 혼자서 아무것도 못 하는 무능력한 상태인 이유는, 그동안 당신이(그리고 그의 어머니가) 그의 손발이 되어 주었기 때문이다.

당신이 떠나는 것은 그를 유기하는 것이 아니다. 그가 스스로 자신의 삶을 책임질 기회를 돌려주는 것이다. 당신이 곁에 있는 한, 그는 영원히 누군가의 등골을 빼먹으며 기생하는 삶에서 벗어나지 못한다. 당신의 이별 통보는 그에게 닥친 재앙이 아니라, 그가 독립된 인간으로 성장할 수 있는(물론 그가 선택해야겠지만) 유일한 충격 요법이다.

설령 그가 무너진다 해도, 그것은 그의 몫이다. 타인의 불행까지 책임지기에 당신의 등은 이미 너무 많이 휘어 있다.

이수해야 할 모든 과목을 마쳤다

이 관계를 학교라고 생각해 보자. 당신은 내현적 나르시시즘이라는 가장 난이도 높은 과목을 수강했다.

당신은 인간의 이중성을 배웠고, 가스라이팅이라는 심리 조작을 간파하는 법을 익혔으며, 자신의 직관을 믿어야 한다는 뼈저린 교훈을 얻었다. 또한 아무리 사랑해도 타인을 구원할 수 없다는 겸손함과 나 자신을 사랑하는 것이 모든 관계의 시작이라는 진리를 몸으로 체득했다.

이토록 혹독한 커리큘럼이 또 어디 있을까. 당신은 낙제한 것이 아니다. 우수한 성적으로 모든 과정을 이수했다. 더 이상 이 학교에서 배울 것은 없다. 그런데 왜 졸업하지 않고 계속 교실에 남아 있으려 하는가?

졸업장을 받아 들고 교문을 나서라. 이별은 퇴학이 아니라, 더 좋은 학교(건강한 삶)로 진학하기 위한 졸업식이다. 학사모를 던지듯, 미련 없이 그를 던져 버려라.

악역이 될 용기

이별 후, 20장(193쪽)에서 언급한 것처럼 그는 주변 사람들에게 당신을 나쁜 사람으로 만들 것이다. "내가 그렇게 잘해 줬는데 배신당했다", "그 여자는 돈(혹은 조건)만 밝혔다"라며 피해자 코스프레를 할 것이다.

당신은 그 소문이 두려울 것이다. "내가 정말 나쁜 년인가?" 싶어 억울할 것이다. 하지만 기꺼이 악역이 되어라. 그의 좁은 세상 속 연극 무대에서 악역이 되는 것은 당신의 진짜 인생에서 주인공이 되기 위해 치러야 할 작은 세금일 뿐이다.

모두에게 좋은 사람이 되려 하지 마라. 그에게 좋은 사람은 당신 자신에게는 가장 나쁜 사람이다. 그가 당신을 욕하든 말든, 저주하든 말든 내버려둬라. 그것은 패배한 자의 비명일 뿐이다. 당신은 뒤를 돌아보지 말고, 당신의 앞길만 보고 걸어가면 된다. 사자는 양들의 여론에 신경 쓰지 않는다.

축하합니다, 당신은 살아남았습니다

이별을 결심하고 실행에 옮긴 날, 혼자 마시는 술 한 잔은 쓰겠지만, 그다음 날 아침의 공기는 달콤할 것이다.

더 이상 그의 눈치를 보며 휴대폰을 확인하지 않아도 된다. 주말에 무엇을 할지 그에게 허락받지 않아도 된다. 내 돈을 내 마음대로 쓰고, 내가 만나고 싶은 사람을 만난다. 무엇보다 이유 모를 불안과 두통이 사라지고 머리가 맑아지는 것을 느낄 것이다.

이것이 자유다. 당신은 실패한 것이 아니라, 생존한 것이다. 침몰하는 배에서 구명정을 내리고 필사적으로 노를 저어 살아

남은 생존자다.

그러니 죄책감 대신 자부심을 가져라. 당신은 그 지옥 같은 가스라이팅의 미로를 뚫고, 스스로를 구출해 낸 위대한 영웅이다. 이별은 상처가 아니라 훈장이다.

이제 거울을 보고 말해 주어라.

"고생했어. 그리고 축하해. 드디어 끝났어."

당신의 이별을, 당신의 졸업을 그리고 당신의 새로운 시작을 진심으로 축하한다.

후버링

: 이별 후 다시 찾아오는 유혹

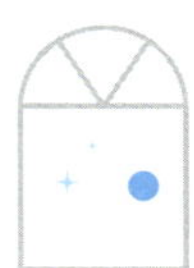

혼란스러웠던 시간이 지나고, 당신은 조금씩 일상을 회복하려 애쓰고 있을 것이다. 며칠 혹은 몇 주 동안 지독한 이별의 후유증을 앓으며 하루하루를 견뎌 냈을 테니까. 친구들에게 전화를 걸어 펑펑 울기도 하고, 입맛이 없어도 억지로 밥을 챙겨 먹으며, 그가 없는 텅 빈 자리에 적응해 나가던 중이었을 것이다.

그런데 이 혼란스러운 감정이 조금씩 가라앉을 무렵, 예고 없이 휴대폰이 울린다. 화면에 뜬 이름은 바로 '그'다.

잘 지내? 갑자기 네 생각이 나서.

집 앞에 두고 간 물건이 있네. 시간 되면 얼굴 좀 볼까?

나 많이 아파. 네가 끓여 주던 죽이 생각난다.

순간 심장이 덜컥 내려앉는다. 분노, 그리움, 안도감, 호기심이 뒤섞인 복잡한 감정이 한꺼번에 밀려온다. '그도 나를 잊지 못했구나', '역시 우리 인연은 여기서 끝이 아닌가 봐'라는 생각이 고개를 든다. 당신의 손가락은 답장 버튼 위에서 망설인다.

하지만 멈춰야 한다. 이것은 그리움의 신호가 아니다. 당신을 다시 그 힘겨웠던 관계 속으로 빨아들이기 위해 작동을 시작한 진공청소기의 소음이다. 심리학에서는 이것을 '후버링 Hoovering'이라고 부른다.

진공청소기처럼 빨아들이다

후버Hoover는 미국의 유명한 진공청소기 브랜드 이름이다. 나르시시스트가 이별 후 떠나간 파트너(혹은 자신이 버린 파트너)를 다시 관계 안으로 강력하게 흡입하려 하는 행동이 마치 먼지를 빨아들이는 진공청소기와 같다고 해서 붙여진 이름이다.

그는 왜 연락했을까? 당신을 너무 사랑해서? 자신의 잘못을 뼈저리게 뉘우쳐서? 아니다. 이유는 훨씬 단순하고 본능적이다.

첫째, '심심해서'다. 새로운 먹잇감(나르시시스틱 공급원)을 아직 찾지 못했거나, 새로운 파트너가 당신만큼 질 좋은 에너지를 주지 않기 때문이다. 둘째, '소유권 확인'이다. 당신이 자신을 잊고 잘 지내는 꼴을 볼 수 없기 때문이다. 연인이든 부부였든 상관없이 당신은 여전히 자신의 영향력 아래 있어야 하는 '내 사람'인데, 그 사람이 제 발로 걸어 나가는 것을 견딜 수 없는 것이다.

그는 당신의 안부가 궁금한 게 아니다. 당신이 여전히 자신에게 반응하는지, 여전히 자신이 누르면 작동하는 사람인지 '간'을 보러 온 것이다.

후버링의 다양한 가면들

그가 당신을 흔들기 위해 던지는 말들은 매우 다양하고 교묘하다.

1. 감성팔이형 : "우리가 좋았던 때를 기억해?"

그는 두 사람의 가장 행복했던 추억을 꺼내 놓는다.

"오늘 우리가 처음 만났던 그 카페에 왔어. 네가 좋아하던 노래가 라디오에서 나오네."

그는 나쁜 기억은 싹 지우고, 아름다웠던(사실은 그가 연기했던) 순간들만 편집해서 보여 준다. 당신의 마음을 약하게 만들어 '그때로 돌아갈 수 있지 않을까' 하는 환상을 심어 주기 위해서다.

2. 피해자 코스프레형 : "나 지금 너무 힘들어"

그는 갑자기 아프다고 하거나, 회사에서 잘렸다거나, 가족에게 큰일이 생겼다며 위기 상황을 알린다.

"이런 이야기를 할 사람이 너밖에 없어."

이것은 당신의 모성애와 죄책감을 자극하는 가장 강력한 미끼다. 당신은 그를 외면하면 매정한 사람이 될 것 같은 불안을 느낀다. 하지만 기억하라. 그는 당신이 옆에 있을 때도 힘들다고 투정하며 당신을 지치게 했던 사람이다.

3. 거짓 반성형 : "내가 다 깨달았어"

가장 위험한 후버링의 가면이다. 그는 당신이 듣고 싶어 했던 말만 골라서 한다.

"내가 부족했어", "상담 치료 받기 시작했어", "이제야 네 소중함을 알겠어."

그는 눈물을 흘리며 사과하고, 당신이 원하던 모든 변화를 약속한다. 하지만 이것은 진정한 변화가 아니라, 당신을 다시 붙잡기 위한 '일시적인 연기'일 뿐이다. 물고기를 속이기 위해 잠시 낚싯바늘을 숨기는 것과 같다.

4. 뜬금포형 : "자니?", "…"

아무런 내용 없이 이모티콘 하나를 보내거나, 부재중 전화만 남겨 놓고 끊는다. 혹은 "어제 너 봤어"라며 찔러 본다. 이것은 당신의 호기심을 자극하여 당신이 먼저 연락하게 만들려는

수작이다. 그가 자존심을 굽히지 않으면서도 당신의 반응을
이끌어 낼 수 있는 가장 안전한 방법이다.

다시 돌아가면 기다리는 것

만약 당신이 이 유혹에 넘어가 그에게 답장을 보내거나 만
난다면, 어떤 일이 벌어질까?

처음 며칠 혹은 몇 주는 꿈처럼 달콤할 것이다. 그는 허니문
기간Honeymoon Phase을 연출하며 당신에게 지극정성을 다할 것이
다. "역시 다시 만나길 잘했어", "우리는 역시 운명이야"라며 안
도하는 당신을 보며, 그는 속으로 안도의 한숨을 내쉴 것이다.

'역시 너는 내 손바닥 안이야.'

하지만 물고기가 완전히 잡혔다고 확신하는 순간, 그는 예
전 모습으로 돌아간다. 아니, 이번에는 예전보다 더 빠르고, 더
가혹하게 차가워질지도 모른다.

"네가 그따위로 하니까 우리가 헤어졌던 거야. 받아 줬으면
고마운 줄 알아야지."

그는 당신이 이별을 선언했던 것(혹은 그를 떠나려 했던 것)에
대해 은밀한 복수를 시작한다. 재회 후의 상처는 이전보다 훨
씬 더 깊어진다. 당신은 "내가 미쳤지. 왜 돌아왔을까"라며 후
회하지만, 이미 트라우마 본딩은 더 강력해져서 다시 빠져나
오기가 훨씬 힘들어진다. 그는 이번에는 당신이 절대 도망치

지 못하도록 더 단단히 옭아맬 것이다.

읽지 않음, 대답하지 않음

후버링에 대처하는 유일하고도 완벽한 방법은 '철저한 무반응'이다.

그의 연락을 차단하라. 만약 차단하지 못했다면, 읽고도 답하지 마라(읽씹). 만약 실수로 전화를 받았다면, 그의 목소리를 듣자마자 아무 말 없이 끊어라. 욕을 하거나 화를 내는 것도 안 된다. 그것조차 그에게는 "아직 나에게 감정이 남았구나"라는 먹잇감이 되기 때문이다.

그의 메시지에 마음이 흔들린다면, 그 메시지를 소리 내어 읽어 보고, 그 뒤에 숨겨진 진짜 의미를 해석해 보라.

잘 지내?

: 심심한데 받아 줄 사람 없나?

미안해, 내가 잘못했어.

: 일단 급하니까 사과하는 척할게. 잡히기만 해 봐.

너만 한 여자가 없어.

: 너처럼 내가 하라는 대로 하는 쉬운 여자가 없어.

상한 음식을 다시 먹는 사람은 없다

이별은 당신이 며칠 된 상한 음식을 쓰레기통에 버린 것과 같다. 그런데 배가 고프다고 해서 쓰레기통을 다시 뒤져 그 음식을 꺼내 먹는 사람은 없다. 그 음식은 이미 상했고, 다시 먹으면 당신은 반드시 탈이 난다.

그가 다시 찾아온 것은 당신을 사랑해서가 아니라, 자신이 버려졌다는(혹은 통제권을 잃었다는) 패배감을 견딜 수 없어서다. 그가 원하는 것은 재회가 아니라 승리다. 당신을 다시 굴복시키고 나서 이번에는 자신이 먼저 당신을 차 버림으로써 우월감을 맛보고 싶은 것이다. 그 잔인한 게임의 희생양이 되지 마라.

그의 연락은 당신이 잘 살고 있다는 의미다. 당신이 그 없이도 빛나고 있기 때문에 그 빛을 다시 훔치러 온 것이다.

휴대폰을 덮어라. 그리고 당신의 일상으로 돌아가라. 맛있는 밥을 먹고, 친구와 수다를 떨고, 푹신한 이불 속에서 잠을 청하라. 진공청소기의 코드를 뽑아 버리는 힘은 오직 당신의 단호한 손끝에 있다.

나를 지키는
가장 정직한 신호

{ 분노의 재발견 }

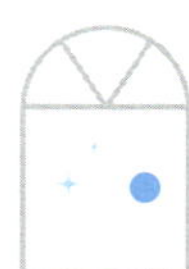

오래된 앨범 속, 당신이 아직 세상의 눈치를 보지 않던 시절의 사진을 꺼내 보자. 키가 110cm 남짓했던 아이의 눈빛은 얼마나 맑고 당당했는지.

기억나는가? 놀이터에서 덩치 큰 아이가 당신의 차례를 새치기하거나 소중한 장난감을 뺏으려 했을 때를. 혹은 당신보다 작고 약한 친구가 괴롭힘을 당하고 있을 때를. 그때의 당신은 주저앉아 울거나 모르는 척 도망치지 않았다. 눈을 똑바로 뜨고, 그 큰 아이를 향해 또랑또랑한 목소리로 외쳤을 것이다.

"하지 마! 이거 내 거야! 사과해!"

"내 친구 괴롭히지 마!"

그때의 당신에게는 불의를 보면 참지 않는 건강한 자아가 살아 있었다. 나를 지키는 것만큼이나 타인의 아픔을 외면하지 않는 이타적인 용기가 펄떡이고 있었다. 당신은 자신의 욕구에 솔직했고, 부당함에 저항할 줄 아는 작지만 단단한 영웅이었다.

그런데 지금 거울 앞에 선 당신은 어떤 모습인가. 직장 상사의 부당한 지시에 혹은 연인의 무례한 태도에 얼굴만 붉힌 채 "네, 알겠습니다", "괜찮아"라며 말끝을 흐리고 있지는 않은가. 지하철에서 누군가 곤경에 처해도, 회사 동료가 부당한 대우를 받아도, 혹시 불똥이 튈까 봐 고개를 돌리고 있지는 않은가.

110cm의 꼬마였을 때보다 덩치는 커졌고 아는 것은 많아졌지만, 마음의 단단함은 오히려 물러져 버렸다. 부당함 앞에서도 입을 다물고, 고통스러워도 미소를 짓는 무기력한 어른. 도대체 당신 안의 그 당당했던 아이는 어디로 사라진 것일까.

착한 아이 수업의 부작용
: 타인을 외면하며 나를 잃다

우리는 자라면서 너무 많은 착한 아이 수업을 받았다.

"남의 일에 참견하지 마라."

"모난 돌이 정 맞는다."

"참는 게 이기는 거야."

가정과 학교, 사회가 합심하여 주입한 이 메시지들은 당신의 보호 본능을 잠재우는 주문이었다. 타인의 부당함에 개입하는 것은 오지랖이고, 불의에 분노하는 것은 '미성숙함'이라고 세뇌당했다. 우리는 안전해지기 위해 침묵을 선택했고, 사랑받기 위해 순응을 배웠다. 하지만 여기서 우리가 놓친 결정적인 사실이 있다.

타인이 겪는 부당함을 외면하는 순간, 우리는 자신을 지키는 힘 또한 포기하게 된다는 것이다. 타인을 지키려 했던 그 마음은 곧 나를 지키는 마음과 뿌리가 같다. '부당함은 나쁜 것'이라는 정의감, '약한 존재는 보호받아야 한다'는 연민. 이것을 포기하고 고개를 돌리는 연습을 반복하면서 당신은 무의식적으로 자기 자신에게도 이렇게 말하게 된 것이다.

"나 하나쯤 부당한 대우를 받아도 어쩔 수 없어."

"내가 참으면 다 괜찮아질 거야."

타인을 향한 방패를 내려놓으면서, 당신을 지켜 주던 방패도 함께 잃어버렸다. 나르시시스트가 당신을 공격할 때 당신이 속수무책이었던 이유는 당신이 너무 착해서가 아니라, 스스로를 지키는 법을 잊어버렸기 때문이다.

분노는 당신의 존엄을 지키는 파수꾼이다

이제 분노에 대한 오해를 풀어야 한다. 분노는 파괴적인 폭력이 아니다. 그것은 당신의 존엄성을 지키기 위해 사이렌을 울리는 면역 반응이자 파수꾼이다.

우리 몸에 바이러스가 침투하면 열이 난다. 고열은 고통스럽지만, 그것은 우리 몸의 면역 체계가 병균과 치열하게 싸우고 있다는 신호다. 만약 바이러스가 들어왔는데도 열이 나지 않는다면, 그것이야말로 면역 체계가 붕괴하여 죽어 가고 있다는 위험한 신호다.

마찬가지로 누군가 당신의 영역을 침범하거나, 당신을 존중하지 않을 때 느껴지는 분노는 당신의 자아가 아직 살아 있다는 신호다.

"지금 위험해! 저 사람은 나를 함부로 대하고 있어! 거절해! 물러서게 해!"

내현적 나르시시스트가 당신을 무시할 때 화가 나는 것은 당연하다. 그가 약속을 어길 때 심장이 뛰는 것은 당신이 건강하기 때문이다. 오히려 그런 취급을 받고도 화가 나지 않고 "내가 더 잘하면 되겠지"라고 생각한다면, 그것이야말로 당신의 영혼이 감각을 잃었다는 증거다. 분노는 당신이 소중한 존재라는 것을 당신 자신에게 알리는 알람이다. 알람을 끄지 마라.

차가운 분노의 힘
: 단호함

여기서 말하는 자기 보호 본능을 회복한다는 것은 소리를 지르거나 물건을 부수고 욕설을 퍼붓는 것을 의미하는 것이 아니다. 그것은 통제되지 않은 감정일 뿐이다. 우리가 되찾아야 할 것은 차가운 분노다.

뜨거운 분노가 화산처럼 폭발하여 자신까지 태워 버린다

면, 차가운 분노는 이성적으로 상황을 통제하고 상대를 제압한다. 그것은 내 영역을 침범한 자에게 "선 넘지 마"라고 경고할 줄 아는 단호함Assertiveness이자 기품이다.

누군가 당신의 집에 허락 없이 들어와 물건을 망가뜨린다면, 당신은 미소 지으며 "괜찮아요"라고 말하지 않을 것이다. 정색하며 "나가 주세요"라고 말할 것이다. 그것은 폭력이 아니라 정당한 권리 행사다.

하물며 당신은 존엄한 인간이다. 당신의 삶, 당신의 감정, 당신의 미래가 위협받고 있는데 왜 가만히 있는가. 착한 여자가 되려 하지 마라. 이해심 많은 성녀가 되려 하지 마라. 대신 당신에게 가장 든든하고 믿음직한 보호자가 되어 주어라.

그가 당신을 교묘하게 깎아내릴 때, 웃어넘기지 말고 정색하며 말하라.

"그 말, 굉장히 무례하게 들리네. 사과해."

"다시는 그런 식으로 나를 부르지 마. 불쾌해."

처음에는 심장이 터질 듯 떨릴 것이다. 목소리가 갈라지고 손이 차가워질 수도 있다. 하지만 그 떨림은 두려움이 아니라, 오랫동안 잠들어 있던 당신의 생명력이 깨어나면서 발생하는 진동이다. 그 진동을 느껴라. 당신은 지금 깨어나고 있다.

우울을 태우는 연료

이별 후 혹은 관계를 정리하는 과정에서 당신은 깊은 슬픔과 무기력의 늪에 빠질 수 있다. "그가 보고 싶어", "내가 좀 더 잘할걸"이라며 울기만 해서는 그 늪에서 빠져나올 수 없다. 슬픔은 물처럼 무겁고 차가워서 당신을 바닥으로 끌어당긴다.

이때 필요한 것이 바로 분노라는 연료다. 로켓이 중력을 거스르고 우주로 날아오르기 위해서는 강력한 추진력이 필요하듯, 당신이 우울의 중력을 이기고 일어서기 위해서는 분노의 에너지가 필요하다.

그가 당신에게 했던 거짓말들을 떠올려라. 당신이 아파서 누워 있을 때 그가 보였던 무심한 태도를 기억하라. 당신을 혼자 울게 했던 그 수많은 밤을 잊지 마라.

"내가 감히 너 따위에게 휘둘리다니."

"내 인생을 갉아먹으려던 너를 절대 용서하지 않겠어. 보란 듯이 잘 살 거야."

이 건강한 분노가 차가운 우울을 태워 버릴 것이다. 분노는 행동하게 만든다. 당신이 다시 일어서서 밥을 챙겨 먹게 하고, 운동화를 신은 후 뛰게 하고, 더 멋진 삶을 살겠다고 다짐하게 만드는 힘은 슬픔이 아니라 분노에서 나온다.

거절할 줄 아는 사람이 존중받는다

세상은 "예스"라고 말하는 사람을 좋아하지만, 정작 존중하는 것은 "노"라고 말할 줄 아는 사람이다. 거절할 줄 모르는 친절은 호의가 아니라 약점일 뿐이다.

당신 안에 잠든 110cm의 당당한 아이를 깨워라. 친구를 위해 그리고 나를 위해 덩치 큰 아이 앞에서도 굴하지 않고 "하지 마!"라고 외치던 그 아이를 다시 불러내라. 그 아이는 사라진 게 아니라, 당신이 입을 막고 벽장에 가둬 두었을 뿐이다.

타인을 지킬 줄 아는 사람이 자신도 지킬 줄 안다. 그리고 자신을 지킬 줄 아는 사람만이 타인도 지킬 수 있다. 당신이 잃어버렸던 그 용기는 당신과 세상을 동시에 구원할 수 있는 힘이다.

화를 낼 줄 아는 사람만이 진정으로 온화할 수 있다. 자신을 지킬 힘이 있는 사람만이 타인에게 관대할 수 있다. 힘이 없어서 억지로 참는 비굴함과 상대를 제압할 힘이 있지만 선택적으로 쓰지 않는 여유로움은 하늘과 땅 차이다.

이제 당신의 목소리를 되찾을 시간이다. 누군가를 해치기 위해서가 아니라, 소중한 당신 자신을 그 누구도 함부로 대하지 못하게 하기 위해서. 당신의 분노는 당신을 지키는 가장 정직하고 뜨거운 힘이다.

33

나를 잃지 않는 사랑

{ 진정한 사랑의 정의 }

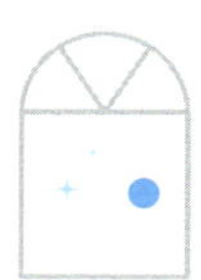

사랑과 관련된 소설이나 노래 가사들을 보면, 사랑은 종종 '미치는 것', '너를 위해 나를 바치는 것', '하나가 되는 것'으로 묘사되곤 한다. 우리는 은연중에 사랑의 크기를 고통의 크기로 측정해 왔다. 많이 아플수록, 많이 희생할수록 그것이 더 위대하고 진실한 사랑이라고 믿었다.

당신이 내현적 나르시시스트인 그에게서 빠져나오지 못했던 이유도, 어쩌면 이 잘못된 사랑의 정의 때문이었을지 모른다. 당신은 나를 지우고 그에게 맞추는 것을 '배려'라 생각했고, 그의 결핍을 채워 주기 위해 내 에너지를 소진하는 것을 '헌신'이라 여겼으며, 그가 주는 불안과 고통을 '사랑의 열정'이라고 착각했다.

하지만 이제 우리는 안다. 나를 태워서 남을 비추는 것은 사랑이 아니라 '자기 파괴'였음을. 나를 잃어버리면서까지 유지해야 하는 관계는 사랑이 아니라 '인질극'이었음을.

그렇다면 진짜 사랑은 무엇일까? 그 지독한 터널을 통과한 당신이 이제부터 추구해야 할 사랑은 어떤 모습이어야 할까.

하나가 되는 것이 아니라 둘로 서는 것

"우리는 하나야."

이 말은 로맨틱하게 들리지만, 사실 가장 위험한 말이다. 두 사람이 하나가 되려면 필연적으로 누군가 한 명은 자신의 색깔을 지워야 하기 때문이다. 나르시시스트와의 관계에서 그 지워지는 사람은 항상 당신이었다. 그는 자신의 세계로 당신을 흡수하려 했고, 당신의 경계선을 허물어 자신과 융합하려 했다.

건강한 사랑은 두 사람이 $1+1=1$이 되는 것이 아니라, $1+1=\infty$가 되는 것이다.

서로 다른 두 우주가 만나, 각자의 고유함을 유지한 채 서로의 궤도를 존중하며 공존하는 것. 칼릴 지브란Kahlil Gibran의 시 구절처럼, "함께 서 있되 너무 가까이 서 있지는 않은 것"이다 (칼릴 지브란은 레바논 출신의 시인이자 철학자로, 대표작 《예언자(1923)》에서 사랑, 결혼, 자녀, 죽음 등 삶의 주제를 시적 산문으로 풀어냈다. 여기서 인용한 문장은 〈결혼에 대하여〉에 등장한다). 사원의 기둥도 서로 떨어져 있어야 지붕을 받칠 수 있고, 참나무와 사이프러스 나무 역시 서로의 그늘 속에서는 자라지 못한다.

진정한 파트너는 당신에게 "나한테 맞춰"라고 말하지 않는다. 대신 "너는 그런 생각을 하는구나. 나는 이런 생각을 해. 우리 참 다르면서도 잘 어울리네"라고 말한다. 그는 당신이 독립적으로 존재하는 것을 방해하지 않는다. 오히려 당신이 가장 당신다울 때, 당신의 색깔을 가장 선명하게 낼 때 당신을 가장 사랑스럽게 바라본다.

불안이 아닌 안온함

나르시시스트와의 연애는 롤러코스터였다. 천국과 지옥을 오가는 그 낙차 큰 감정의 파도가 사랑의 증거인 줄 알았다. 연락이 안 되면 심장이 뛰고, 그가 차가워지면 세상이 무너질 것 같은 그 절박함이 사랑의 깊이라고 믿었다.

하지만 진짜 사랑은 심심함에 가깝다. 아니, 정확히 말하면 안온함이다.

건강한 관계는 당신을 불안하게 만들지 않는다. 연락이 안 되면 바쁜가 보다 하고 편안하게 내 할 일을 할 수 있는 믿음, 오늘 싸웠더라도 내일은 화해하고 다시 웃을 수 있을 거라는 확신. 그것이 사랑이다. 도파민이 팡팡 터지는 자극적인 쾌락이 아니라, 세로토닌이 은은하게 흐르는 따뜻한 햇볕 같은 평화다.

당신이 밖에서 전쟁 같은 하루를 보내고 돌아왔을 때, 당신을 또 다른 전쟁터로 밀어 넣는 사람이 아니라, 당신의 무거운 갑옷을 벗겨 주고 쉬게 해 주는 사람. 당신의 예민한 신경을 곤두서게 만드는 것이 아니라, 당신의 긴장을 이완시켜 주는 사람. 그가 바로 당신이 만나야 할 사람이다. 이제 당신은 불안을 사랑으로 착각하지 않을 지혜를 가졌다.

나의 세계를 확장해 주는 사람

그와의 관계 속에서 당신의 세계는 점점 좁아졌다. 친구를 만나는 것도 눈치가 보였고, 새로운 취미를 갖는 것도 비난받았다. 당신은 그라는 작은 감옥에 갇혀 시들어 갔다.

하지만 진짜 사랑은 당신의 세계를 넓혀 준다.

"너 그림 그리는 거 좋아했잖아. 다시 해 봐. 내가 응원할게."

"친구들이랑 여행 다녀와. 재미있겠네."

좋은 파트너는 당신의 성장을 질투하지 않는다. 오히려 당신이 더 높이 날아오를 수 있도록 바람을 불어넣어 준다. 당신이 성공했을 때 진심으로 기뻐해 주고, 당신이 새로운 도전을 할 때 가장 든든한 지지자가 되어 준다. 그와 함께 있으면 당신은 더 좋은 사람이 되고 싶어지고, 더 많은 꿈을 꾸게 된다.

사랑은 서로를 구속하는 족쇄가 아니라, 더 넓은 세상으로 함께 나아가는 베이스캠프여야 한다. 당신의 세계가 쪼그라든다면 그것은 사랑이 아니다. 당신의 세계가 이전보다 더 넓고 풍요로워질 때, 그것이 비로소 사랑이다.

혼자서도 온전할 때 둘이서 더 빛난다

많은 사람이 외로움을 견디지 못해 사랑을 찾는다. 누군가 내 텅 빈 마음을 채워 주기를, 나의 결핍을 메워 주기를 바란다. 하지만 결핍에서 시작된 사랑은 필연적으로 의존과 집착을 낳는다. 반쪽짜리 두 개가 만나면 온전한 하나가 되는 것이 아니라, 서로에게 기대려다 같이 쓰러지는 위태로운 구조물이 될 뿐이다.

진정한 사랑을 하기 위한 선결 조건은 자립이다. 당신 스스로 삶을 책임질 수 있을 때, 혼자서도 행복하고 충만할 때, 비로소 건강한 사랑이 찾아온다.

나의 잔이 흘러넘쳐서 그 넘치는 사랑을 상대에게 나누어 줄 수 있어야 한다. 상대의 잔을 빼앗아 내 잔을 채우려 하거나, 내 잔을 비워 상대에게 붓기만 해서는 안 된다. 두 개의 가득 찬 잔이 나란히 놓여 서로 건배하는 것, 그것이 우리가 지향해야 할 관계다.

당신은 이제 누군가가 없어도 괜찮은 사람이 되었다. 그 역설적인 상태가 당신을 가장 매력적인 사람으로 만든다. 당신이 "네가 없으면 죽을 것 같아"가 아니라 "네가 없어도 나는 잘 살겠지만, 그럼에도 불구하고 너와 함께하고 싶어"라고 말할 때, 그 선택은 가장 주체적이고 고귀한 사랑의 고백이 된다.

나를 잃지 않는 사랑

사랑은 나를 버리는 것이 아니다. 사랑은 타인이라는 거울을 통해 나를 더 선명하게 확인하는 과정이다.

그동안 당신은 너무 많이 애썼다. 타인의 마음에 들기 위해 당신 자신을 깎아 내고, 구겨 넣고, 숨겨 왔다. 하지만 이제는 그러지 않아도 된다. 당신의 예민함은 섬세함이고, 당신의 욕구는 생명력이며, 당신의 거절은 존엄함이다.

있는 그대로의 당신을 사랑해 줄 사람은 분명히 있다. 당신의 상처를 약점이 아닌 훈장으로 봐줄 사람, 당신의 그림자까지도 당신의 일부로 안아 줄 사람이 있다. 하지만 그 사람을 만나기 위해 가장 먼저 해야 할 일은 당신이 자신을 먼저 그렇게 대해 주는 것이다.

나를 사랑하지 않는 사람은 남도 사랑할 수 없고, 남에게 사랑받을 수도 없다. 이것은 진부한 명언이 아니라, 관계의 물리학이다.

이제 당신의 깃발을 다시 세워라.

나를 잃지 않겠다. 나를 소중히 여기겠다. 나의 행복을 최우선에 두겠다.

이 단단한 다짐 위에서 시작되는 사랑만이, 당신을 다시는 울게 하지 않을 것이다. 당신은 이제 준비되었다. 진짜 사랑을 할 준비가.

겨울을 견딘 나무가
결국엔 꽃을 피우듯이

어떤 계절이든 끝이 있다. 당신을 꽁꽁 얼어붙게 했던 그 지독한 겨울도 영원할 것 같았지만 결국 끝이 났다. 지금 이 책의 마지막 장을 넘기고 있는 당신의 마음에는 폭풍이 지나간 뒤의 고요함과 낯선 평온함이 내려앉아 있을 것이다.

돌이켜보면 참으로 먼 길이었다. 당신은 사랑이라는 미로 속에서 길을 잃었고, 이해할 수 없는 냉담함 앞에서 수없이 무너졌으며, 자기 자신을 지키기 위해 피 흘리며 싸워야 했다. 그 과정에서 많은 것을 잃었다고 생각할지도 모른다. 그와 함께 꿈꾸었던 미래, 순수했던 믿음 그리고 어쩌면 찬란했던 한 시절을 도둑맞은 것 같아 억울함에 잠 못 이뤘을 수도 있다.

하지만 이제 잃어버린 것들의 목록은 접어 두자. 당신이 얻은 것들을 바라볼 시간이다.

겨울을 이겨 낸 나무를 보라. 매서운 칼바람을 온몸으로 받아 낸 나무의 껍질은 거칠고 투박하다. 가지는 꺾이고 잎은 떨어져 볼품없어 보이기도 한다. 하지만 그 춥고 메마른 시간 동안 나무는 성장을 멈춘 것이 아니다. 오히려 내면을 더 촘촘하고 단단하게 다지며, 그 어느 때보다 치열하게 뿌리를 깊이 내리고 있었다. 우리가 나무의 훈장이라 부르는 '나이테'는 바로 그 혹독한 겨울이 남긴 흔적이다.

당신도 마찬가지다. 그와의 관계 속에서 겪었던 고통과 인내, 치열했던 고민의 시간은 당신의 영혼에 선명한 나이테를 새겼다. 예전의 당신이 온실 속의 화초처럼 여리고 순수했다면, 지금의 당신은 비바람을 견뎌 낸 고목처럼 단단하고 깊어졌다. 당신이라는 정원에는 이제 쉽게 꺾이지 않는 나무가 자라고 있다.

당신은 이제 사람의 겉모습에 쉽게 현혹되지 않는 혜안을 가졌다. 달콤한 말 뒤에 숨겨진 차가운 의도를 간파할 수 있고, 자신을 지키기 위해 단호하게 "아니요"라고 말할 수 있는 용기를 얻었다. 무엇보다 타인의 인정에 목매지 않고, 스스로를 사랑하고 돌볼 줄 아는 진짜 어른이 되었다.

이것은 돈으로도 살 수 없고, 책으로만 배워서는 얻을 수 없는 귀한 지혜다. 눈물은 그 배움을 위해 치른 수업료였고, 아픔은 당신을 더 큰 사람으로 키워 낸 성장통이었다. 그러니 지난 시간을 실패라고 부르지 마라. 그것은 생존의 기록이자, 승리의 역사다.

그는 당신에게 스쳐 지나가는 바람이었을 뿐이다. 바람은 나무를 흔들 수는 있어도 뿌리째 뽑지는 못한다. 그는 떠났지만, 당신이라는 나무는 여전히 그 자리에 서 있다.

이제 당신이라는 정원에 당신만의 꽃을 피울 시간이다. 겨울을 견딘 나무가 피워 내는 꽃은 쉽게 시들지 않는다. 그 꽃은 여린 아름다움이 아니라, 짙은 향기와 강인한 생명력을 품고 있다. 당신이 앞으로 피워 낼 삶도 그럴 것이다.

누구의 눈치도 보지 않고, 누구의 허락도 필요 없이, 당신이 원하는 색깔과 모양으로 마음껏 피어나기를 바란다. 당신의 계절은 이제 막 시작되었다.

가장 혹독한 겨울을 견뎌 낸 당신이라는 정원에게 깊은 존경과 응원을 보낸다.

황 규 진